Wirkung
der
Deutschen Sozialversicherung

mit Nachtrag

Die Sozialversicherung und der jetzige Krieg

Von

Dr. Friedrich Zahn
Ministerialrat, Direktor des K. Bayer. Statist. Landesamts und Universitätsprofessor
in München

1915
München, Berlin und Leipzig
J. Schweitzer Verlag (Arthur Sellier)

Seinem hochverehrten Lehrer

Herrn Geheimrat Brentano

zum 70. Geburtstag gewidmet in treuer Dankbarkeit

Friedrich Zahn.

Inhalt

Wirkung der Deutschen Sozialversicherung

Nachtrag

Die Sozialversicherung und der jetzige Krieg

Die Abhandlung erscheint auch im „Allgemeinen Statistischen Archiv“ Bd. VIII, 1914, Heft 3/4.

Wirkung der deutschen Sozialversicherung.

Bericht für das Comité Permanent Internationale des Assurances Sociales.

Einleitung.

Über die Lasten der Sozialversicherung hat das Comité Permanent Internationale des Assurances Sociales auf Anregung seines Generalsekretärs Professor E. Fuster bereits im September 1912 bei seiner Tagung in Zürich verhandelt. Die damalige Aussprache führte zum Beschluß, daß das Comité Permanent die Frage weiter prüfen und durch eine internationale Enquete klären solle. Daraufhin wurden gelegentlich der Tagung in Gent im September 1913 vom Comité Richtlinien für die Einzelberichte und für die Aufarbeitung des gesamten durch die Enquete herbeigeführten Materials aufgestellt. Das Ergebnis der Enquete sollte die Grundlage für die Verhandlungen abgeben, die für September 1914 in Paris anläßlich des 25jährigen Jubiläums des Comité Permanent geplant waren und die sich auch mit dem Thema der Lasten der Sozialversicherung befassen sollten; durch den Kriegsausbruch wurde der Kongreß, wie so vieles andere, auf unbestimmte Zeit verschoben.

In Deutschland war das Deutsche Komitee für internationale Arbeiterversicherung um die Durchführung der genannten Enquete bemüht. Der Erfolg waren fünf Einzelberichte, sie wurden geliefert:

1. vom Geheimen Bergrat *Weidtmann*, Generaldirektor des Allgemeinen Knappschaftsvereins Bochum,
2. vom Generaldirektor der Bayerischen Versicherungsbank, Regierungsdirektor *von Rasp*,
3. vom Verein für die bergbaulichen Interessen Niederschlesiens,
4. vom Ersten Direktor der Norddeutschen Knappschaftspensionskasse *Stieber*,
5. vom Präsidenten der Reichsversicherungsanstalt für Angestellte *Koch*.

Auch hat sich das Deutsche Komitee wegen eines Generalberichts über die Lasten der deutschen Sozialversicherung an mich gewandt. Die Arbeit, die ich entsprechend diesem Ersuchen vorlege, bildet eine weitere Ausgestaltung und Vertiefung meines Referats, das ich für die Züricher Tagung erstattete.[1]) Sie verwertet die fünf vorgenannten Einzelberichte, berücksichtigt aber außerdem, da das in diesen Berichten gebotene Material für vorliegenden Zweck nicht ausreichend erschien, noch viel sonstiges in Monographien, Jahresberichten usw. verstreute Material, um so die einschlägigen Fragen tunlichst nach dem derzeitigen Stand in Deutschland klarzustellen.

Selbstverständlich handelt es sich bei den Lasten der deutschen Sozialversicherung um diejenigen, die aus Anlaß der Sozialversicherung entstehen. Zur Würdigung dieser Lasten ist notwendig festzustellen: Wie hoch sind diese Lasten nach Gesetz und tatsächlich, wer trägt diese Lasten und inwieweit erfolgt eine Überwälzung derselben, welche Gegenleistungen und Vorteile stehen den Lasten gegenüber? Auch der letztere Punkt ist für die gegenwärtige Untersuchung von wesentlichem Belang. Denn ob eine Last groß oder klein ist, läßt sich nicht bloß nach ihrer absoluten Größe und ihrem Verhältnis zu anderen Ausgaben des Belasteten bemessen, es kommt auch darauf an, inwieweit der jetzigen Belastung des Einzelnen, des öffentlichen Haushalts, der Gesamtheit ein Äquivalent gegenübersteht, sei es als Entlastung oder in Gestalt neuer Vorteile im Gegensatz zu früher.

Nachstehende Untersuchung, die sich in ihrer Gliederung an das vom Comité Permanent aufgestellte Programm und, wie dieses, in der Hauptsache an die Anlage meines Züricher Referats hält, dürfte noch insofern an besonderem Interesse gewinnen, als seit Erscheinen meines Züricher Referats — teils infolge desselben, teils unabhängig davon — die Frage der Belastung durch die Arbeiterversicherung gerade in den letzten Jahren lebhaft in den Kreisen der Unternehmer, Arbeiter, Ärzte, wissenschaftlichen und praktischen Sozialpolitiker erörtert wird. Mit Rücksicht hierauf hat auch der Deutsche Reichstag auf Antrag von Dr. *Spahn*, Dr. *Pieper* (der ihn in der Sitzung vom 16. Januar 1913 näher begründete) und Genossen mit Beschluß vom 23. Januar 1913 den Reichskanzler ersucht, tunlichst bald eine Denkschrift über die wirtschaftlichen, gesundheitlichen, sittlichen und sozialen Wirkungen der deutschen Arbeiterschutz- und Versicherungsgesetzgebung und über ihre Rückwirkung auf die gewerbliche Entwicklung, insbesondere auf Grund eingehender Berichterstattung der Gewerbeaufsichtsbeamten, vorzulegen. Schon tags zuvor hatte der Staatssekretär Dr. *Delbrück* erklärt, er werde diesen Wünschen in der Weise zu entsprechen versuchen, daß im Anschluß an die über den Schutz von Leben und Gesundheit der Arbeiter geltenden Bestimmungen, die zusammengetragen werden sollen, eine

[1]) Abgedruckt im Bulletin des Assurances Sociales. 24. Jahrgang 1913 Nr. 1 S. 43 ff. und in der Zeitschrift für die gesamte Versicherungswissenschaft 1912. 12. Jahrgang Heft 6.

eingehende Darstellung und Würdigung der Ergebnisse unserer sozialpolitischen Gesetzgebung ausgearbeitet werde. Natürlich sei dies eine Arbeit, die sich nicht binnen weniger Monate bewältigen lasse, doch handle es sich hier um eine Aufgabe, die wohl der Mühe und der Zeit wert sei, die sie erfordern wird. Vielleicht liefern auch zu dieser amtlichen Darstellung nachfolgende Ausführungen einen willkommenen Beitrag.

I. Geschichtlicher Überblick über die deutsche Sozialversicherung.

Den bedeutsamsten Vorläufer der reichsgesetzlichen Sozialversicherung[1]) bilden die noch heute mit gewissen Einschränkungen fortbestehenden (Reichsversicherungsordnung §§ 495 mit 502) landesrechtlichen Knappschaftskassen (knappschaftliche Kranken- und Pensionskassen). Eine umfassende Arbeiterversicherung wurde durch die Allerhöchste Kaiserliche Botschaft vom 17. November 1881 inauguriert. Die Reichsgesetzgebung begann die Krankenversicherung mit dem Gesetz vom 15. Juni 1883, die Unfallversicherung mit dem Gesetz vom 6. Juli 1884, die Invaliden- und Altersversicherung mit dem Gesetz vom 22. Juni 1889. Nach mehrfachen Erweiterungen dieser Stammgesetze galten zuletzt für die Krankenversicherung das Reichsgesetz vom 25. Mai 1903, für die Unfallversicherung die Reichsgesetze vom 30. Juni 1900, für die Invaliden- und Altersversicherung das Gesetz vom 13. Juli 1899.

Nunmehr hat die Reichsversicherungsordnung vom 19. Juli 1911 in einem Gesetzgebungswerk mit 1804 Paragraphen und mit 106 Artikeln des Einführungsgesetzes das bisherige Arbeiterversicherungsgesetz neu kodifiziert. Sie umfaßt nach wie vor die Kranken-, Unfall-, Invaliden- und Altersversicherung und fügt noch neben einer Reihe von Einzelbestimmungen, in denen sie die bisherigen Bestimmungen für diese Versicherungszweige einander annäherte und in bezug auf den Kreis der versicherten Personen und der Versicherungsleistungen ausgestaltete, eine vierte Versicherung hinzu, nämlich die Hinterbliebenenversicherung.

In Kraft getreten ist von der RVO. die Invaliden- und Hinterbliebenenversicherung am 1. Januar 1912, die Unfallversicherung am 1. Januar 1913, die Krankenversicherung am 1. Januar 1914.

Eine bedeutsame Erweiterung fand die deutsche Sozialversicherung durch die Fürsorgeversicherung für (minderbemittelte) Angestellte, betreffend Berufsinvalidität und Hinterbliebenenfürsorge durch das am 1. Januar 1913 in Kraft getretene Versicherungsgesetz für Angestellte vom 20. Dezember 1911.

---

[1]) Über die Vorarbeit der Wissenschaft vgl. *F. Zahn*, Die wissenschaftlichen Ansichten über das soziale Versicherungswesen. Beitrag zu dem Jubiläumswerk zu Ehren von G. Schmoller „Die Entwicklung der deutschen Volkswirtschaftslehre im 19. Jahrhundert“, Leipzig 1908.

Die deutsche Sozialversicherung qualifiziert sich als Zwangsversicherung von Reichs wegen auf öffentlich-rechtlicher Grundlage. Doch trägt sie keineswegs staatssozialistischen Charakter, vielmehr beruht sie auf gesunder Mischung von Zwang (Versicherungspflicht und Beitragspflicht) und Freiheit, von Staatshilfe und Selbsthilfe. Demgemäß kommt das Prinzip der Gegenseitigkeit und Selbstverwaltung in weitgehendem Maße zur Geltung. Daneben ist auch die freiwillige Versicherung für gewisse Personenkreise zugelassen.

Die zwangsweise Krankenversicherung erstreckt sich auf alle Lohnarbeiter und Angestellten (letztere mit einem Jahresgehalt bis 2500 ℳ) sowie auf Hausgewerbetreibende. Die freiwillige ist den nicht oder nicht mehr versicherungspflichtigen Arbeitern, Angestellten, Familienangehörigen des Arbeitgebers und Kleinunternehmern ermöglicht.

Die zwangsweise Unfallversicherung gilt für Arbeiter und Betriebsbeamte (letztere mit einem Jahresgehalt bis 5000 ℳ) in Gewerbe, Landwirtschaft und Seeschiffahrt und kann durch Satzung auch auf Betriebsbeamte mit Jahresgehalt von über 5000 ℳ (Kleinunternehmer und Hausgewerbetreibende) ausgedehnt werden. Die freiwillige Unfallversicherung besteht für die Unternehmer und das nicht versicherungspflichtige Personal.

Die zwangsweise Invaliden-, Alters- und Hinterbliebenenversicherung umschließt alle Lohnarbeiter und Angestellten (letztere mit Jahresgehalt bis 2000 ℳ), ferner Kleinunternehmer und Hausgewerbetreibende durch Beschluß des Bundesrats. Daneben können sich freiwillig versichern nicht oder nicht mehr versicherungspflichtige Arbeiter, Angestellte und Kleinunternehmer.

Endlich besteht eine Zwangsversicherung für Angestellte mit Jahresgehalt bis 5000 ℳ sowie eine freiwillige Angestelltenversicherung in beschränktem Umfang für nicht mehr Versicherungspflichtige (Weiterversicherung), gewisse Angestellte mit 5000 bis unter 10000 ℳ Jahresverdienst und für selbständige Personen.

II. Wirkung auf das Budget des Arbeiters.

A.

Was das Budget des Arbeiters betrifft, so liegt dessen Beeinflussung durch die Arbeiterversicherung rechtlich klar. Die Arbeiterversicherungsgesetze, jetzt die Reichsversicherungsordnung, geben genau an, in welcher Weise der Arbeiter an der Aufbringung des Arbeiterversicherungsbedarfs beteiligt ist.

Die Gesamtbeiträge (Arbeiter- und Arbeitgeberbeiträge) zur Krankenversicherung sind in Hundertsteln des Grundlohns so zu bemessen, daß sie — die anderen Einnahmen eingerechnet — für die zulässigen Ausgaben der Kasse ausreichen (RVO. § 385 Abs. 1). Als Grundlohn setzt die Satzung der einzelnen Kassen den durchschnittlichen Tagesentgelt derjenigen Klassen Versicherter, für welche die Kasse errichtet ist, bis 5 ℳ für den Arbeitstag fest (RVO. § 180 Abs. 1); doch kann sie auch, was im allgemeinen vorherrschen dürfte, den durchschnittlichen Tagesentgelt nach der verschiedenen Lohnhöhe der Versicherten stufenweise bis 6 ℳ festsetzen bzw. bis zum gleichen Betrag als Grundlohn den wirklichen Arbeitsverdienst des Versicherten bestimmen (RVO. § 180 Abs. 2 und 4). Das Verhältnis der Beiträge zum Lohn ist aus der folgenden Zusammenstellung zu ersehen. (Siehe S. 6.)

Die Beiträge zur Invaliden- und Hinterbliebenenversicherung sind gemäß § 1392 RVO. nach fünf Lohnklassen abgestuft und betragen pro Woche 16, 24, 32, 40 und 48 Pfennig. Für die Unfallversicherung hat der Arbeiter nichts zu leisten. Die Gesamtbeitragslast zur Angestelltenversicherung bemißt sich nach neun Gehaltsklassen: bis zu 550, 551—850, 851—1150, 1151—1500, 1501—2000, 2001—2500, 2501—3000, 3001—4000, 4001—5000 ℳ (§ 16 des Versicherungsgesetzes für Angestellte); an Monatsbeiträgen sind in den einzelnen Gehaltsklassen zu entrichten: 1.60, 3.20, 4.80, 6.80, 9.60, 13.20, 16.60, 20.00, 26.60 ℳ (§ 172 vorgenannten Gesetzes).

Das Verhältnis der Beiträge des Arbeiters zu denen des Unternehmers stellt sich bei der Krankenversicherung wie 2:1, bei der Invaliden- und Angestelltenversicherung wie 1:1. Bei den landesrechtlichen Knappschaftskassen (Kranken- und Pensionsversicherung) zahlen in der Regel Arbeiter und Arbeitgeber je die Hälfte der erforderlichen Beiträge.

Soweit eine freiwillige Versicherung vorkommt, haben diese Versicherten die gesamten Beiträge aus eigenen Mitteln zu erstatten.

Von dieser gesetzlichen Regelung der Beiträge haben sich jedoch in der Praxis einige Abweichungen ausgebildet. Beispielsweise werden von den Dienstboten häufig keine Beiträge gezahlt; die Dienstherrschaften haben die Beiträge vielfach für die Invaliden- wie für die Krankenversicherung ganz übernommen. Auch anderen Hausangestellten werden meistens keine Abzüge für Versicherung gemacht. Ebenso sind die Fälle nicht selten, wo Gewerbetreibende die Beiträge allein übernehmen. Namentlich geschieht dies häufig bei kaufmännischen, technischen und sonstigen Beamten, Meistern, Bureauvorstehern usw. und als die neue Angestelltenversicherung eintrat, konnten die Berufsvereine eine Liste mit hunderten von Firmen veröffentlichen, die auch die 6—8 % des Gehalts betragende Prämie der Pensionsfürsorge allein tragen wollen. Allerdings entspricht diese Freilassung der Versicherten von Beiträgen nicht der erzieherischen Absicht des Gesetzgebers. Der Arbeiter sollte zwangsweise sparen und durch seine gesetzlichen Beiträge selbst gegen die Folgen des Schwindens seiner Erwerbsfähigkeit Vorsorge treffen. Wird ihm die Beitragspflicht erlassen, so verliert der Versicherte das Bewußtsein, daß er selber durch seine

Tabelle I. **Die Krankenkassen nach dem Verhältnis der Beiträge zum Lohne.**

(Statistik des Deutschen Reichs Band 268. Die Krankenversicherung im Jahre 1912.)

Jahr	Gemeindekrankenversicherung vom ortsüblichen Tagelohne			Ortskrankenkassen (vom durchschnittlichen Tagelohne bzw. wirklichen Arbeitsverdienste)					Betriebs- (Fabrik-) Krankenkassen					Baukrankenkassen					Innungskrankenkassen					Zusammen				
	bis 1½ v. H.	über 1½ bis 2 v. H.	über 2 bis 3 v. H.	bis 1½ v. H.	über 1½ bis 2 v. H.	über 2 bis 3 v. H.	über 3 bis 4½ v. H.	über 4½ bis 6 v. H.	bis 1½ v. H.	über 1½ bis 2 v. H.	über 2 bis 3 v. H.	über 3 bis 4½ v. H.	über 4½ bis 6 v. H.	bis 1½ v. H.	über 1½ bis 2 v. H.	über 2 bis 3 v. H.	über 3 bis 4½ v. H.	über 4½ bis 6 v. H.	bis 1½ v. H.	über 1½ bis 2 v. H.	über 2 bis 3 v. H.	über 3 bis 4½ v. H.	über 4½ bis 6 v. H.	bis 1½ v. H.	über 1½ bis 2 v. H.	über 2 bis 3 v. H.	über 3 bis 4½ v. H.	über 4½ bis 6 v. H.
1908	4312	2063	1862	71	495	2639	1493	70	555	1017	4265	1989	128	5	4	27	6	—	66	210	351	149	8	5009	3789	9144	3637	206
1909	4224	2071	1959	67	467	2575	1578	88	543	979	4198	2076	178	3	1	30	8	3	60	202	353	175	11	4897	3720	9115	3837	280
1910	4132	2026	2059	64	430	2522	1648	88	534	965	4109	2146	203	4	—	29	7	6	60	186	386	175	11	4794	3607	9105	3976	308
1911	4048	2007	2143	65	409	2470	1701	103	542	939	3988	2253	199	5	1	25	7	3	52	189	395	196	13	4712	3545	9021	4157	318
1912	4001	1999	2176	62	399	2385	1745	126	534	914	3848	2313	226	9	1	19	6	4	52	188	416	224	12	4658	3501	8844	4288	368
	Von je 100 Kassen der betreffenden Art erhoben Beiträge in oben bezeichneter Höhe																											
1908	52,3	25,1	22,6	1,5	10,4	55,3	31,3	1,5	7,0	12,8	53,6	25,0	1,6	11,9	9,5	64,3	14,3	—	8,4	26,8	44,8	19,0	1,0	23,0	17,4	42,0	16,7	0,9
1909	51,2	25,1	23,7	1,4	9,8	53,9	33,1	1,8	6,8	12,3	52,7	26,0	2,2	6,7	2,2	66,6	17,8	6,7	7,5	25,2	44,1	21,8	1,4	22,4	17,0	41,7	17,6	1,3
1910	50,3	24,6	25,1	1,3	9,0	53,1	34,7	1,9	6,7	12,1	51,6	27,0	2,6	8,7	—	63,1	15,2	13,0	7,3	22,7	47,2	21,4	1,4	22,0	16,6	41,8	18,2	1,4
1911	49,4	24,5	26,1	1,4	8,6	52,0	35,8	2,2	6,8	11,9	50,4	28,4	2,5	12,2	2,4	61,0	17,1	7,3	6,2	22,4	46,7	23,2	1,5	21,6	16,3	41,5	19,1	1,5
1912	48,9	24,5	26,6	1,3	8,4	50,6	37,0	2,7	6,8	11,7	49,1	29,5	2,9	23,1	2,6	48,7	15,4	10,2	5,8	21,1	46,6	25,1	1,4	21,5	16,2	40,8	19,8	1,7

eigenen Ersparnisse seine eigene Versicherung ermöglichen soll; die Versicherung wird in diesem Fall zu einer Art Armenfürsorge.

Schon mit Rücksicht hierauf genügt der bloße Hinweis auf die gesetzlichen Bestimmungen nicht, um die wirkliche Belastung der Versicherten zu kennzeichnen. Anderseits ist auch die vorhandene amtliche Statistik für unsere Zwecke nicht ausreichend. Sie orientiert nur über die Gesamtsummen der aufgebrachten Arbeiterbeiträge in der durch die Reichsgesetzgebung normierten Höhe (nur die in der Reichsstatistik anhangsweise enthaltenen Nachweise über die Krankenversicherung der Knappschaftskassen enthalten die wirklich von Arbeitern und Arbeitgebern getragenen Beiträge):

Jahr	Beiträge der Versicherten	Beiträge der Arbeitgeber	Reichszuschuß
	in 1000 M		
Krankenversicherung (einschließlich Knappschaftskassen)			
1910	267 670,4	129 832,7	—
1911	288 976,9	140 454,0	—
1912	311 161,5	152 414,3	—
1885/1912	**3 866 636,3**	**1 774 046,0**	—
Unfallversicherung			
1910	—	199 920,3	—
1911	—	196 842,1	—
1912	—	192 764,0	—
1885/1912	—	**2 784 561,7**	—
Invaliden- u. Hinterbliebenenversicherung			
1910	98 677,0	98 677,0	52 538,2
1911	104 902,8	104 902,8	53 283,1
1912	136 709,3	136 709,3	55 069,3
1891/1912	**1 611 439,0**	**1 611 439,0**	**748 117,6**
Arbeiterversicherung insgesamt[1])			
1910	366 347,4	428 430,0	52 538,2
1911	393 879,7	442 198,9	53 283,1
1912	447 870,8	481 887,6	55 069,3
1885/1912	**5 478 075,3**	**6 170 046,7**	**748 117,6**

[1]) Über die Angestelltenversicherung liegen bisher im Geschäftsbericht für 1913 (amtl. Nachr. der Reichsversicherungsanstalt f. Angestellte 1914 Nr. 7) nur einige allgemeine Angaben vor. Die Reichsversicherungsanstalt f. Angestellte hatte i. J. 1913 1 685 097 Aufnahmekarten, davon rund 1 200 000 für männliche, 480 000 für weibliche Angestellte. Die Zahl der Arbeitgeber betrug rund 312 000. Die Gesamtsumme der Beiträge stellte sich auf 138 Mill. M. — Die tatsächliche Zahl der Versicherungspflichtigen ist noch größer als vorgenannte Zahl der Aufnahmekarten, 1. Beiheft z. d. Zeitschrift „Die Angestelltenversicherung“ 1914 S. 5.

Über die Belastung des **individuellen** Arbeiterbudgets gibt die amtliche Versicherungsstatistik keinen Aufschluß, wenn man absieht von Beispielen, die das Reichsversicherungsamt zur Veranschaulichung der Versicherungsgesetzgebung in der Praxis mitteilt:[2])

1. Krankenversicherung.

	ℳ
Ein **Arbeiter** hat einen Wochenlohn von	24.—
Er zahlt einen Wochenbeitrag von	—.72
Aufwand für ihn im Krankheitsfall auf die Dauer bis 26 Wochen:	
Krankengeld wöchentlich	12.—
Arzt und Arznei wöchentlich	5.40
Bei 17 wöchiger Krankheit also zusammen	295.80
Sterbegeld	80.—
Außerdem häufig freie ärztliche Behandlung der Familie.	
Eine **Arbeiterin** hat einen Wochenlohn von	16.—
Sie zahlt einen Wochenbeitrag von	—.48
Aufwand für sie im Krankheitsfall auf die Dauer bis 26 Wochen:	
Krankengeld wöchentlich	8.—
Arzt und Arznei wöchentlich	5.40
Bei 10 wöchiger Krankheit also zusammen	134.—
Wöchnerinnenunterstützung	48.—
Sterbegeld	53.33

2. Unfallversicherung.

Beruf des Verletzten	Maurer	Arbeiterin an der Seifenpresse	Landw. Taglöhner
Jahresverdienst	1391.70 ℳ	392.60 ℳ	540.— ℳ
Art der Verletzung	Quetschung des Brustkastens u. Verlust beider Arme	Quetschung der rechten Hand	Knieverletzung, Blutvergiftung
Heilanstaltsbehandlung usw.	(90 Tage) 306.55 ℳ	—	(105 Tage) 157.80 ℳ
Angehörigenrente während d. Heilanstaltsbehandlung	204.31 ℳ (Ehefrau 2 Kinder)	—	93.20 ℳ (Ehefrau 2 Kinder)
Grad der Erwerbsunfähigkeit	100%	15%	90%
Jahresrente des Verletzten	928.20 ℳ	39.60 ℳ	324.— ℳ
Außerdem für die Zeit der völligen Hilfslosigkeit jährlich	463.50 ℳ	—	—
Sterbegeld	92.80 ℳ	—	50.— ℳ
Hinterbliebenenrente	835.20 ℳ	—	324.— ℳ

3. Invalidenversicherung.

Die Invaliden-(Kranken-)Rente richtet sich nach Zahl und Höhe der Beiträge, sie schwankt bei einem Wochenbeitrage von 8 Pfennig (Arbeiterbeitrag) zwischen

[2]) Vgl. Die deutsche Arbeiterversicherung, amtlicher Katalog des Reichsversicherungsamts (bearbeitet von Senatspräsident Dr. *Klein*) für die Internationale Hygiene-Ausstellung Dresden 1911, S. 6 ff. — Monatsblätter für Arbeiterversicherung, herausgeg. von den Mitgliedern des RVA. 1912 S. 14.

116 und 200 ℳ und bei einem Wochenbeitrag von 24 Pfennig zwischen 150 und 510 ℳ jährlich und erhöht sich, wenn der Empfänger Kinder von unter 15 Jahren hat, für jedes Kind um $^1/_{10}$ bis zu dem höchstens anderthalbfachen Betrage (Kinder-Zuschußrente).

4. Hinterbliebenenversicherung.

Der Verstorbene hat 700 Beiträge in Lohnklasse III entrichtet, davon 15 nach dem 1. Januar 1912.

Reichszuschuß	50.— ℳ
Grundbetrag (500 $\times$ 16 Pf. gemäß § 1288 Abs. 2 a. a. O.)	80.— „
Steigerungssatz (8 $\times$ 700 Pf. gemäß § 1289 a. a. O.)	56.— „
Jahresbetrag	186.— ℳ
Monatsbetrag	15.50 „

Die invalide Witwe erhält in diesem Falle folgende Rente:

Reichszuschuß	50.— ℳ
Anteil der Versicherungsanstalt (nämlich $^3/_{10}$ des Grundbetrages = 24 ℳ und $^3/_{10}$ der Steigerungssätze aus den nach dem 1. Januar 1912 entrichteten 15 Beiträgen: $\frac{15 \times 8 \times 3}{10} = 36$ Pf.)	24.36 „
Jahresbetrag	74.40 ℳ
Monatsbetrag	6.20 „

74.40 ℳ stellen zugleich das Witwengeld dar.

Hinterläßt der Verstorbene ein Kind, so erhält dies:

Reichszuschuß	25.— ℳ
Anteil der Versicherungsanstalt (nämlich $^3/_{20}$ des Grundbetrages = 12 ℳ und $^3/_{20}$ der Steigerungssätze wie oben: $\frac{15 \times 8 \times 3}{20} = 18$ Pf.)	12.18 „
Jahresbetrag	37.20 ℳ
Monatsbetrag	3.10 „
Waisenaussteuer 8 $\times$ 3,10	24.80 „

Sind mehrere, z. B. 5 Kinder vorhanden, so gestaltet sich die Berechnung des Anteils der Versicherungsanstalt folgendermaßen:

Für die erste Waise beträgt der Anteil wie in dem vorangehenden Beispiel	12.18 ℳ
Für jede folgende kommt nur $^1/_{40}$ des Grundbetrages und der Steigerungssätze der Invalidenrente des Vaters in Ansatz, also: $\frac{4 \times 80 ℳ}{40} + \frac{4 \times 15 \times 8 \text{ Pf.}}{40} =$	8.12 „
Demnach beträgt der Anteil für die 5 Kinder zusammen	20.30 „
Für 1 Kind	4.06 „
Die Rente für jedes der 5 Kinder ergibt also den Betrag von	29.06 „
Jahresbetrag	29.06 ℳ
Monatsbetrag	2.45 „
Waisenaussteuer 8 $\times$ 2.45 ℳ	19.60 „

5. Angestelltenversicherung.

Gegenstand der Versicherung ist vornehmlich die Gewährung von Ruhegeld (Invaliden- bzw. Alterspension), Hinterbliebenenrenten (Witwen-, Witwer- und Waisenpension) und Heilfürsorge.

Ruhegeld erhält der Versicherte vom Eintritt der dauernden Berufsunfähigkeit (Herabsinken der Arbeitsfähigkeit auf weniger als die Hälfte der normalen) ab als Invalidenpension bzw. ohne Nachweis der Berufsunfähigkeit vom vollendeten 65. Lebensjahre ab als Alterspension. Auch wird demjenigen Versicherten, der nicht dauernd berufsunfähig ist, aber während 26 Wochen ununterbrochen berufsunfähig gewesen ist, für die weitere Dauer der Berufsunfähigkeit Krankenruhegeld gewährt.

Der Ruhegeldbezug ist abhängig von der Erfüllung einer Wartezeit, die bei männlichen Pflichtversicherten 120, bei weiblichen 60 Beitragsmonate (d. s. Kalendermonate, für die Beiträge entrichtet sind) beträgt. Sind weniger als 60 Beitragsmonate auf Grund der Versicherungspflicht nachgewiesen, so verlängert sich die Wartezeit zum Bezuge des Ruhegeldes bei männlichen Versicherten auf 150, bei weiblichen auf 90 Beitragsmonate.

Das Ruhegeld beträgt nach Ablauf von 120 Beitragsmonaten $1/4$ der in dieser Zeit entrichteten Beiträge und $1/8$ der übrigen (vom 121. Beitragsmonat ab). Tritt bei weiblichen Versicherten der Versicherungsfall nach Ablauf von 60 Beitragsmonaten und vor Vollendung von 120 Beitragsmonaten ein, so beträgt das Ruhegeld $1/4$ der in den ersten 60 Beitragsmonaten entrichteten Beiträge.

Hinterbliebenenrenten erhalten die Witwe bzw. der erwerbsunfähige und bedürftige Witwer und die Kinder unter 18 Jahren beim Tode des (der) Versicherten.

Der Hinterbliebenenrentenabzug ist abhängig von der Erfüllung einer Wartezeit von 120 Beitragsmonaten (in den ersten 10 Jahren nach Inkrafttreten des Gesetzes von 60 Beitragsmonaten). Sind weniger als 60 Beitragsmonate auf Grund der Versicherungspflicht nachgewiesen, so verlängert sich die Wartezeit zum Bezuge der Hinterbliebenenrenten auf 150 Beitragsmonate.

Die Witwen- bzw. Witwer-Rente beträgt $2/5$ des von dem Versicherten erworbenen bzw. bezogenen Ruhegeldes, die Waisenrente für Halbwaisen je $1/5$, für Vollwaisen je $1/3$ der Witwenrente, doch dürfen die Hinterbliebenenrenten an Witwe (Witwer) und Kinder eines (einer) Versicherten zusammen nicht über den Betrag des von dem (der) Versicherten erworbenen oder bezogenen Ruhegeldes hinausgehen.

Zur Abwendung drohender Berufsunfähigkeit infolge einer Erkrankung eines (einer) Versicherten kann ein Heilverfahren eingeleitet werden. Den bedürftigen Angehörigen des Versicherten wird für die Zeit des Heilverfahrens ein Hausgeld in Mindesthöhe von $3/20$ des zuletzt gezahlten Monatsbeitrags für jeden Tag gewährt. Die Einleitung eines Heilverfahrens ist an die Zurücklegung einer Wartezeit nicht gebunden.

Als Nebenleistungen kommen noch in Frage teilweise Beitragserstattungen an weibliche Versicherte, die aus der versicherungspflichtigen Beschäftigung ausscheiden, sowie beim Tod von Versicherten an anspruchsberechtigte Hinterbliebene, wenn beim Eintritt des Versicherungsfalls innerhalb der ersten 15 Jahre nach dem Inkrafttreten des Gesetzes ein Anspruch auf Leistungen nach dem Gesetze nicht geltend gemacht werden konnte.

Aber auch die Arbeit des Kaiserlichen Statistischen Amts über die Haushaltungsbudgets von Minderbemittelten enthält keine einschlägigen Angaben, obschon näher gegliederte Haushaltungsbudgets von den der Sozialversicherung unterstellten Kreisen ein wichtiges wissenschaftliches Mittel wäre, um die Versicherungslast im Rahmen der übrigen Ausgabeposten und im Rahmen der Einnahmen (Lohn, Gehalt) sowie die Verschiedenheit der Belastung nach einzelnen Arbeiterbudgets richtig würdigen zu können.

In Ermanglung solcher individuellen Angaben muß man sich mit generellen und durchschnittlichen Maßstäben zur Berechnung der Belastung behelfen.

Als solcher Maßstab erscheint das Verhältnis der Beitragslast pro Kopf des versicherten Arbeiters und in Prozent seines Lohnes. Auch hier ist Vorsicht geboten, denn die Löhne sind nach Höhe, Berufsart und Ortsüblichkeit völlig verschieden und ist darum ein allgemeiner Prozentsatz des Lohnes im Verhältnis zu den Lasten nicht möglich. Immerhin haben wir monographische Darstellungen, die die einschlägigen Verhältnisse wenigstens etwas veranschaulichen.

Soweit das vorhandene Material sich auf den Bergbau bezieht, ist zu beachten, daß dessen Charakter gegenüber dem anderer Industriezweige stark abweicht. Er zeigt sehr hohe Unfall- und Krankheitsziffern sowie stärkere Invaliditätsziffern, da die Bergarbeiter infolge der anstrengenden Arbeit in verhältnismäßig frühem Lebensalter invalide werden. Daher ist auch für die Bergarbeiter durch die knappschaftlichen Pensionskassen eine erheblich weitgehendere Fürsorge getroffen worden, als dies durch die Reichsinvalidenversicherung geschehen wäre.[3]) Schon vor der reichsgesetzlichen Zwangsversicherung hatten, wie bereits erwähnt, die Landesgesetzgebungen für diese Arbeiterkategorie Vorsorge getroffen.[4])

In welcher Weise der Bergbau durch die soziale Zwangsversicherung, sowohl reichsgesetzlicher wie landesgesetzlicher Natur, belastet ist, zeigen die vom Allgemeinen Knappschaftsverein zu Bochum mitgeteilten Zahlen. Die Angaben dürfen ziemlich als typisch erachtet werden, da der Verein mehr als ein Drittel aller Bergarbeiter Deutschlands umschließt. Während nämlich Ende 1911 im Deutschen Reich 115 Knappschaftsvereine mit 973 860 Mitgliedern, in Preußen 65 Knappschaftsvereine mit 873 741 Mitgliedern bestanden, zählte der Allgemeine Knappschaftsverein allein 387 897 Mitglieder. Der gesamte Krankenkassenbeitrag beim Bochumer Verein bemißt sich nach 2% des Grundlohnes und zwar entrichten Arbeiter und Unternehmer je die Hälfte der Beiträge nach folgenden Sätzen:

---

[3]) Vgl. Reichs- und Landtagsabgeordneter *Giesberts*, München-Gladbach, Die Bedeutung der sozialen Gesetzgebung für die Volkswirtschaft. II. Kursus der Vorträge der Kölner Fortbildungskurse für Kommunal- und Sozialbeamte, betr. die neuen Aufgaben der Sozialversicherung in der Praxis, Tübingen 1913.

[4]) So wurde für Preußen erstmals durch Gesetz vom 10. April 1854 die Bildung von Knappschaftskassen (Kranken- und Pensionskassen) für die Berg-, Hütten- und Salinenarbeiter vorgeschrieben. Dieses Gesetz fand dann in seinen wesentlichen Zügen Aufnahme im 7. Titel des Allgemeinen Berggesetzes vom 24. Juni 1865. Dem Beispiele Preußens folgten Braunschweig durch Gesetz vom 15. April 1867, Bayern durch Gesetz vom 20. März 1869, Elsaß-Lothringen durch Gesetz vom 16. Dezember 1873, Württemberg durch Gesetz vom 7. Oktober 1874 und Sachsen durch das Allgemeine Sächsische Berggesetz vom 16. Juni 1868 und durch das Sächsische Knappschaftsgesetz vom 2. April 1884. Durch die Reichsgesetzgebung wurde, soweit nicht die Regelung des Knappschaftswesens landesherrlicher Verordnung vorbehalten ist, eine Revision der auf die Knappschaftskassen bezüglichen Bestimmungen der Berggesetze veranlaßt, so in Bayern durch Gesetz vom 20. Juli 1900, in Preußen durch die Knappschaftsnovelle vom 19. Juni 1906.

in Lohnstufe	bei einem täglichen Arbeitsverdienst von	und einem Grundlohn von	der Beitrag des Arbeiters wie d. Unternehmers betr. pro Woche
1	bis 1.40 ℳ ausschl.	1.20 ℳ	0.14 ℳ
2	„ 1.80 „ „	1.60 „	0.19 „
3	„ 2.20 „ „	2.00 „	0.24 „
4	„ 2.60 „ „	2.40 „	0.29 „
5	„ 3.00 „ „	2.80 „	0.34 „
6	„ 3.40 „ „	3.20 „	0.38 „
7	„ 3.80 „ „	3.60 „	0.43 „
8	„ 4.20 „ „	4.00 „	0.48 „
9	„ 4.60 „ „	4.40 „	0.53 „
10	„ 5.00 „ „	4.80 „	0.58 „
11	über 5.00 ℳ	5.00 „	0.60 „

In der Invaliden- und Hinterbliebenenversicherung sind alle versicherungspflichtigen Personen in der Lohnklasse 5 (jährlicher Arbeitsverdienst mehr als 1150 ℳ) versichert; es trifft den Arbeiter wie den Arbeitgeber ein wöchentlicher Beitrag von je 0,24 ℳ.

Die Beiträge der Pensionskasse, die für die Arbeiter und Angestellten als Sondereinrichtung besteht, werden nach Mitgliederabteilungen (Arbeiter- und Beamtenabteilung) und innerhalb der Beamtenabteilung nach Gehaltsklassen abgestuft. Die Arbeitnehmer und die Unternehmer bezahlen je die Hälfte der erforderlichen Beiträge und zwar

	bei einem jährlichen Arbeitsverdienst von	Beitrag des Arbeiters wie des Arbeitgebers pro Woche
in der Arbeiterabteilung	jeder Größe	0.98 ℳ
in der Beamtenabteilung	bis zu 2000 ℳ	1.59 „
„ „ „	mehr als 2000 ℳ „ „ 3000 „	2.12 „
„ „ „	„ „ 3000 „ „ „ 4000 „	3.18 „
„ „ „	„ „ 4000 „ „ „ 5000 „	4.24 „
„ „ „	„ „ 5000 „	5.30 „

Weitere Einblicke in die Belastung des Bergarbeiters durch die Sozialversicherung geben die nachstehenden Tabellen II und III (siehe Seite 13 u. 14). Darnach ist die Belastung bei den einzelnen Bergwerken von Jahr zu Jahr gestiegen; die Höhe der Belastung ist bei den einzelnen Betrieben verschieden. Dies mag zum Teil darauf zurückzuführen sein, daß es sich bei manchen Betrieben um sogenannte gemischte Betriebe handelt, deren Arbeiter nicht sämtlich Mitglieder der knappschaftlichen Pensionskassen sind.

Die Belastung pro Kopf des Bergarbeiters beträgt zurzeit 60 bis 85 ℳ im Jahr oder 5 bis 8 % seines Lohnes.

Tabelle II. **Belastung des Allgemeinen Knappschaftsvereins in Bochum durch die soziale Versicherung.**

(Nach *Dr. Ernst Jüngst*, Essen, Die Leistungen des Ruhrbergbaues auf dem Gebiete der sozialen Zwangsversicherung. Glückauf, Berg- und Hüttenmännische Zeitschrift 1913 Nr. 7, 8 und 9).

Jahr	Arbeiterzahl (Mitglieder des Allgemeinen Knappschaftsvereins Bochum)	Jährliche Lohnsumme	Steinkohlenförderung im Oberbergamtsbezirk Dortmund		Beiträge									Aufwendungen für die soziale Zwangsversicherung			
			Menge	Wert	der Bergwerksbesitzer	pro Mitglied	in % der Lohnsumme	der Arbeiter	pro Mitglied	in % der Lohnsumme	zusammen	pro Mitglied	in % der Lohnsumme	auf 1 t Förderung	auf ein Mitglied des Knappschaftsvereins	darunter Arbeiterbeitrag	vom Wert der Förderung
		ℳ	t (Tonnen)	ℳ	ℳ	ℳ		ℳ	ℳ		ℳ	ℳ		ℳ	ℳ	ℳ	%
1860	27 414	—	4 365 834	28 055 022	386 969	14,12	—	437 019	15,94	—	823 988	30,06	—	0,19	30,06	15,98	2,94
1870	51 594	—	11 812 528	67 626 048	587 681	11,39	—	973 962	18,88	—	1 561 643	30,27	—	0,13	30,27	18,87	2,31
1880	78 608	—	22 495 204	102 953 856	2 176 415	27,69	—	2 155 959	27,42	—	4 332 374	55,11	—	0,19	55,11	27,43	4,21
1890	129 032	139 250 916	35 469 290	282 441 997	7 123 850	55,21	5,33	5 071 401	39,30	3,43	12 195 251	94,51	8,76	0,34	94,51	39,30	4,32
1900	235 226	306 495 496	59 618 900	508 796 740	16 351 944	69,52	5,33	14 318 701	60,87	4,68	30 670 645	130,39	10,01	0,51	130,39	60,87	6,03
1901	253 680	304 237 566	58 447 657	512 185 267	19 145 150	75,47	6,29	15 304 296	60,33	4,03	34 449 446	135,80	10,32	0,59	135,80	60,32	6,73
1902	247 707	282 778 427	58 038 594	486 775 287	19 508 701	78,76	6,90	15 253 296	61,58	5,39	34 761 997	140,34	12,29	0,60	140,34	61,58	7,13
1903	260 341	315 339 087	64 689 594	535 683 563	21 579 969	82,89	6,81	16 145 264	62,02	5,15	37 725 233	144,91	11,96	0,58	144,91	62,03	7,04
1904	275 219	334 342 752	67 533 681	556 954 453	23 081 544	83,87	6,90	17 197 095	62,48	5,15	40 278 639	146,35	12,05	0,60	146,35	62,48	7,23
1905	269 699	325 969 575	65 373 531	548 913 105	24 504 169	90,86	7,52	18 088 618	67,07	5,55	42 592 787	157,93	13,07	0,65	157,93	67,07	7,76
1906	286 731	398 364 433	76 811 054	672 564 592	26 920 265	93,89	6,89	20 310 948	70,84	4,97	47 231 213	164,73	11,86	0,61	164,72	70,79	7,02
1907	309 311	481 896 144	80 182 647	763 217 586	28 892 913	93,41	6,00	21 995 745	71,11	4,56	50 888 658	164,52	10,56	0,63	164,52	71,11	6,67
1908	343 325	509 527 699	82 664 647	831 405 081	39 712 591	115,67	7,79	27 419 699	79,87	5,39	67 132 290	195,54	13,18	0,81	195,54	79,86	8,07
1909	348 389	471 417 736	82 803 676	823 000 272	41 468 355	119,03	8,79	26 911 330	77,24	5,72	68 379 685	196,27	14,51	0,83	196,27	77,24	8,31
1910	351 188	488 821 619	86 864 504	849 203 889	42 034 370	119,69	8,62	27 579 808	78,53	5,62	69 614 178	198,22	14,24	0,80	198,22	78,53	8,20
1911	357 321	521 604 164	91 329 140	888 349 932	44 209 924	123,73	8,47	28 655 831	80,20	5,50	72 865 755	203,93	13,97	0,80	203,92	80,19	8,20
1912	376 710[1])	640 860 210	.	.	47 647 369	126,48	7,34	32 115 297	85,25	4,98	79 762 666	211,73	12,32	.	211,74	85,25	.

[1]) Nach Mitteilung des Herrn Geheimrats *Weidtmann*.

Tabelle III.

Belastung durch die soziale Zwangsversicherung bei einigen Bergwerken und bei der Maschinenfabrik Weise und Monski, Halle a. S.

(Mitgeteilt von *Stieber*, Erster Direktor der Norddeutschen Knappschaftspensionskasse).

Jahr	Zahl der Arbeiter	Gesamtjahresbetrag der Löhne	Jährlicher Durchschnittslohn	Belastung des Arbeiters			Belastung des Arbeitgebers						Gesamtbelastung			
							ausschließlich freiwillig übernommener Leistungen			einschließlich freiwillig übernommener Leistungen			ausschließlich freiwillig übernommener Leistungen		einschließlich freiwillig übernommener Leistungen	
		M	M	insgesamt M	pro Arbeiter M	in % der Lohnsumme	insgesamt M	pro Arbeiter M	in % der Lohnsumme	insgesamt M	pro Arbeiter M	in % der Lohnsumme	pro Arbeiter M	in % der Lohnsumme	pro Arbeiter M	in % der Lohnsumme
								Mansfeld'sche Kupferschiefer bauende Gewerkschaft Eisleben.								
1910	21 794	26 460 812	1214	1 647 434	75,6	6,2	2 112 291	96,9	8,0	2 175 864	99,8	8,2	172,5	14,2	175,4	14,4
1911	21 335	26 129 941	1225	1 579 394	74,0	6,0	2 032 519	95,3	7,8	2 090 323	98,0	8,0	169,3	13,8	172,0	14,0
1912	22 051	27 891 230	1265	1 640 560	74,4	5,9	2 083 701	94,5	7,5	2 139 471	97,0	7,7	168,9	13,4	171,4	13,6
1913	22 362	29 070 814	1300	1 753 286	78,4	6,0	2 198 706	98,3	7,6	2 252 268	100,7	7,7	176,7	13,6	179,1	13,7
								Aktiengesellschaft Landshammer (Provinz Sachsen).								
1910	5 178	5 939 992	1147	289 878	56,0	4,9	280 178	54,1	4,7	396 740	76,6	6,7	110,1	9,6	132,6	11,6
1911	5 322	6 659 078	1251	329 467	61,9	4,9	311 661	58,6	4,7	440 969	82,9	6,6	120,5	9,6	144,8	11,6
1912	5 473	7 016 703	1282	353 595	64,6	5,0	326 273	59,6	4,7	455 807	83,3	6,5	124,2	9,7	147,9	11,5
1913	5 331	7 234 247	1357	389 873	73,1	5,4	318 319	59,7	4,4	482 200	90,5	6,7	132,8	9,8	163,6	12,1

Anhaltische Kohlenwerke Halle a. S.

1910	1 461	1 721 240	1178	78 878	54,0	4,6	125 667	86,0	7,3	133 636	91,5	7,8	140,0	11,9	145,5	12,4
1911	1 657	1 995 942	1205	97 254	58,7	4,9	140 970	85,1	7,0	146 731	88,6	7,3	143,8	11,9	147,3	12,2
1912	1 690	2 097 129	1241	110 475	65,3	5,2	160 937	95,2	7,7	167 079	98,9	8,0	160,5	12,9	164,2	13,2
1913	1 724	2 148 177	1246	113 789	66,0	5,3	163 130	94,6	7,6	168 560	97,8	7,8	160,6	12,9	163,8	13,1

Eisenhütten und Emaillierwerk Tangerhütte.

1910	1 349	1 507 295	1117	83 332	61,8	5,5	103 806	77,0	6,9	129 252	95,9	8,6	138,8	12,4	157,7	14,1
1911	1 522	1 703 877	1120	90 787	59,6	5,3	109 341	71,8	6,4	142 754	93,8	8,4	131,4	11,7	153,4	13,7
1912	1 550	1 914 054	1235	103 774	66,9	5,4	121 671	78,5	6,4	153 012	98,7	8,0	145,4	11,8	165,6	13,4
1913	1 366	1 637 249	1199	118 055	85,7	7,2	133 496	97,7	8,2	175 066	128,1	10,7	183,4	15,4	213,8	17,9

Im Verein für die bergbaulichen Interessen Niederschlesiens (Sitz Waldenburg in Schlesien) vereinigte Werke.[1])

1910	27 979	27 264 560	974	1 633 453	58,4	6,0	2 257 169	80,7	8,2	.	.	.	139,1	14,2	.	.
1911	27 988	27 926 408	998	1 663 086	59,4	6,0	2 264 095	80,9	8,1	.	.	.	140,3	14,1	.	.
1912	27 918	29 110 425	1043	1 780 630	63,8	6,1	2 390 029	85,6	8,2	.	.	.	149,4	14,3	.	.
1913	.	.	.	.	.	.	.	.	.	.	.	.	.	.	.	.

Weise und Monski, Halle a. S. (Pumpen- und Maschinenfabrik).

1910	842	1 066 610	1267	26 223	29,8	2,5	31 204	36,4	2,9	34 424	40,2	3,2	66,2	5,4	70,0	5,7
1911	905	1 155 421	1277	28 048	31,0	2,4	33 355	36,8	2,9	52 754	58,3	4,6	67,8	5,3	89,3	7,0
1912	941	1 332 528	1416	34 428	36,6	2,6	37 216	39,6	2,8	70 235	74,6	5,3	76,2	5,4	111,2	7,9
1913	1 005	1 366 147	1359	42 133	41,9	3,1	39 582	39,4	2,9	73 022	73,6	5,3	81,3	6,0	115,5	8,4

[1]) Nach Mitteilung des Vereins für die bergbaulichen Interessen Niederschlesiens.

Damit stehen auch im Einklang die Angaben *Dawsons*[5]) über die Höhe der Versicherungsbeiträge der Arbeiter 1909 in den preußischen staatlichen Bergwerksbetrieben.

	Wochenbeitrag für Arbeiterversicherung	in % des Lohnes
Kohlenbergwerke:		
Dortmund	18½ d. (pence)	5,5
Oberschlesien	14¼ d.	5,4
Niederschlesien	13¼ d.	5,4
Saarbrücken	25¼ d.	8,0
Aachen	14¾ d.	4,4
Kupferbergwerke:		
Halle	15¾ d.	6,1
Salzbergwerke:		
Halle	16¾ d.	5,6
Clausthal	18½ d.	6,1

Um die Belastung des Bergarbeiterbudgets durch die einzelnen Versicherungsarten zu beleuchten, möge nachstehende Tabelle dienen. (Siehe S. 17.)

Wie daraus erhellt, macht die Belastung des Bergarbeiterbudgets durch die Krankenversicherung etwas über ein Drittel der Gesamtbelastung aus. Die übrigen Arbeiterbeiträge entfallen auf die knappschaftliche Pensions- und Unterstützungskasse und auf die reichsgesetzliche Invaliden- und Hinterbliebenenversicherung. Die Hauptbelastung des Bergarbeiterbudgets wird durch die knappschaftliche Pensionsversicherung bedingt. Dies zeigen schon die absoluten Beträge der einzelnen Arbeiterbeiträge, die sich beispielsweise im Jahre 1912 folgendermaßen verteilen: Krankenkasse 11008767 *M*, Invalidenversicherung 4691122 *M* und Pensionskasse 16415408 *M*.

Für die anderen Bergwerksbetriebe sind zwar mangels Unterlagen derartige Ausscheidungen nicht möglich, doch dürfte die Belastungsverteilung sich ähnlich gestalten.

Nach der angeführten Untersuchung *Dawsons* bewegen sich in einer Reihe anderer Betriebe die Arbeiterbeiträge zur Krankenversicherung zwischen 1—5% des Lohnes (in der Regel 3—4%), zur Invalidenversicherung zwischen ½% des Lohnes bei gelernten und ¾—1% des Lohnes bei niedrig gelohnten Arbeitern. Die Gesamtbelastung des Arbeiters durch die Arbeiterversicherung beträgt darnach im allgemeinen 3,0 bis 3,4% des Lohnes.

[5]) *W. Harbutt Dawson*, Social Insurance in Germany 1883 bis 1911, London 1912 S. 209 ff., 219 ff.

Tabelle IV.

Belastung des Arbeiterbudgets durch die einzelnen Versicherungszweige beim allgemeinen Knappschaftsverein in Bochum.

Jahr	Mitgliederzahl	Jährliche Lohnsumme	Krankenkasse						Pensions- und Unterstützungskasse bzw. Invaliditäts- und Altersversicherung					
			Beiträge der Bergwerksbesitzer			Beiträge der Arbeiter			Beiträge der Bergwerksbesitzer			Beiträge der Arbeiter		
		ℳ	absolut ℳ	pro Mitglied ℳ	in °/₀ der Lohnsumme	absolut ℳ	pro Mitglied ℳ	in °/₀ der Lohnsumme	absolut ℳ	pro Mitglied ℳ	in °/₀ der Lohnsumme	absolut ℳ	pro Mitglied ℳ	in °/₀ der Lohnsumme
1900	235 226	306 495 496	3 585 788	15,24	1,17	4 781 049	20,33	1,56	7 612 321	32,36	2,48	9 897 652	42,08	3,23
1901	253 680	304 237 566	3 899 576	15,37	1,28	5 199 433	20,50	1,71	8 063 984	31,79	2,65	10 104 863	39,83	3,32
1902	247 707	282 778 427	3 878 212	15,66	1,37	5 170 932	20,87	1,84	8 039 801	31,46	2,84	10 082 364	40,70	3,56
1903	260 341	315 339 087	4 164 497	16,00	1,32	5 552 674	21,33	1,76	8 433 689	32,39	2,67	10 592 590	40,69	3,36
1904	275 219	334 342 752	4 508 191	16,38	1,35	6 010 910	21,84	1,80	8 906 661	31,19	2,66	11 186 185	40,64	3,35
1905	269 699	325 969 575	5 491 093	20,36	1,68	7 321 924	27,15	2,24	8 637 310	32,03	2,65	10 766 694	39,92	3,30
1906	286 731	398 364 433	6 404 191	22,33	1,61	8 538 522	29,78	2,14	9 443 500	32,94	2,37	11 772 426	41,06	2,96
1907	309 311	481 896 144	7 223 566	23,35	1,50	9 623 029	31,11	2,00	9 929 204	31,11	2,06	12 372 716	40,00	2,57
1908	343 325	509 527 699	9 417 296	27,43	1,85	9 417 779	27,43	1,85	17 961 068	52,32	3,53	18 001 920	52,43	3,52
1909	348 389	471 417 736	9 575 959	27,49	2,03	9 574 589	27,48	2,03	17 217 086	49,42	3,65	17 336 651	49,76	3,68
1910	351 188	488 821 619	9 719 917	27,68	1,99	9 721 107	27,68	1,99	17 724 219	50,47	3,63	17 858 701	50,85	3,65
1911	357 321	521 604 164	10 063 051	28,16	1,93	10 063 582	28,16	1,93	18 469 781	51,69	3,54	18 592 249	52,03	3,56
1912	376 710	640 860 210	11 005 492	29,94	1,72	11 008 767	29,94	1,72	20 928 367	56,92	3,27	21 106 530	57,40	3,29

Dawson gibt über die Arbeiterbeiträge bei einigen führenden Krankenkassen folgende Ziffern:

a) Ortskrankenkassen	in °/o der Lohnsumme
Berliner Kasse für Handelsangestellte	2,8
Leipziger Allgemeine Ortskrankenkasse	2,7
Berliner-Kasse für Maschinenbauer	3,1
„ „ „ das Schneidergewerbe	2,0
„ „ „ „ Druckergewerbe	3,0
b) Betriebskrankenkassen	
Berliner Allgemeine Elektrizitätsgesellschaft . . .	$2^{1}/_{2}$
„ Siemenswerke	2,2
L. Löwe & Co. (Maschinengeräte usw.), Berlin . .	$2^{1}/_{3}$
K. Porzellanmanufaktur	3
Hildebrand & Sohn (Schokolade)	2
Vereinigte Zementwerke	2
Große Berliner Straßenbahn	$2^{2}/_{3}$
Berliner Omnibus-Gesellschaft	$2^{1}/_{3}$
Düsseldorfer Pfeifenwerke	3
Lokomotivwerke Hohenzollern, Düsseldorf	$2^{1}/_{2}$
Heinrich Lanz Mannheim	$2^{2}/_{3}$
Waldhof-Papierwerke, Mannheim	$2^{2}/_{3}$
Berliner Stadtgemeinde	$2^{2}/_{3}$

Zur Gesamtbelastung des Arbeiters bringt *Dawson* noch folgende Durchschnittsziffern, deren Quelle er nicht nennt:

Wochenlohn	Kranken-versicherung	Invaliden-versicherung	Zusammen	°/o des Lohnes
30 Schilling	$8^{1}/_{2}$ d. (pence)	$2^{1}/_{4}$ d.	$10^{3}/_{4}$ d.	3,0
27 „	$7^{1}/_{2}$ d.	$2^{1}/_{4}$ d.	$9^{3}/_{4}$ d.	3,0
24 „	$6^{1}/_{2}$ d.	$2^{1}/_{4}$ d.	$8^{3}/_{4}$ d.	3,1
20 „	$5^{1}/_{2}$ d.	$1^{3}/_{4}$ d.	$7^{1}/_{4}$ d.	3,0
18 „	5 d.	$1^{3}/_{4}$ d.	$6^{3}/_{4}$ d.	3,1
15 „	$4^{1}/_{4}$ d.	$1^{1}/_{2}$ d.	$5^{3}/_{4}$ d.	3,2
12 „	$3^{1}/_{4}$ d.	$1^{1}/_{2}$ d.	$4^{3}/_{4}$ d.	3,3
9 „	$2^{1}/_{2}$ d.	$1^{1}/_{4}$ d.	$3^{3}/_{4}$ d.	3,5
6 „	$1^{3}/_{4}$ d.	$^{3}/_{4}$ d.	$2^{1}/_{2}$ d.	3,4

Er illustriert die Belastung des Arbeiters dann durch Ziffern, die er aus Berliner Betrieben erfuhr:

Wochenlohn	Wochenbeiträge für Arbeiterversicherung	% des Lohnes
	Baubranche.	
32 Schilling 2½ d.	11¼ d.	2,9
26 „ 5¼ d.	11¼ d.	3,6
44 „ 5¼ d.	11¼ d.	2,1
37 „ 3 d.	11¼ d.	2,5
35 „ 2 d.	11¼ d.	2,7
37 „ ½ d.	11¼ d.	2,5
30 „ 2¼ d.	11¼ d.	3,1
36 „ 9½ d.	11¼ d.	2,6
37 „ 7¼ d.	11¼ d.	2,5
31 „ ½ d.	11¼ d.	3,0
	Holzbranche.	
34 Schilling 11½ d.	11¼ d.	2,7
27 „ 0 d.	9¾ d.	2,7
33 „ 5½ d.	9¾ d.	2,5
33 „ 6 d.	9¾ d.	2,5
36 „ 9½ d.	9¾ d.	2,2
18 „ 6 d.	9¾ d.	4,4
40 „ 6 d.	9¾ d.	2,0
39 „ 6 d.	9¾ d.	2,1
	Maschinenbranche.	
43 Schilling 0 d.	9¾ d.	1,9
45 „ 5¼ d.	9¾ d.	1,8
41 „ 10½ d.	9¾ d.	2,0
43 „ 8¼ d.	9¾ d.	1,9
42 „ 2½ d.	9¾ d.	1,9
42 „ 2¾ d.	9¾ d.	1,9
43 „ 7 d.	9¾ d.	1,9
38 „ 1½ d.	9¼ d.	2,0
40 „ 2¼ d.	9¼ d.	1,8
	Transport-Verkehrsgewerbe.	
30 Schilling 3 d.	11¼ d.	3,1
33 „ 3 d.	11¼ d.	2,8
33 „ 1¾ d.	11¾ d.	3,0
28 „ 2½ d.	11¾ d.	3,5

Zu ähnlichem Ergebnis gelangte *E. Fuster* auf Grund von Angaben, die ihm der Vorsitzende der Dresdener Ortskrankenkasse Fraesdorf machte; darnach zahlt ein Arbeiter, dessen Verhältnisse *Fuster* untersuchte, bei 2000 Fr. Jahresbezug für Krankenversicherung 2,33, für Invaliden- und Hinterbliebenenversicherung 0,58, also zusammen 2,91 % seines Lohnes.

Tabelle V. **Rechnungsergebnisse der größeren Krankenkassen.**

(Nach den Veröffentlichungen der Statistischen Ämter der Städte Berlin und München.)

Jahr	Durchschnittliche Mitgliederzahl	Beiträge der Arbeiter und Arbeitgeber		Aufwendungen						
		insgesamt ℳ	pro Mitglied ℳ	Ärztliche Behandlung ℳ	Arzneien und Heilmittel ℳ	Krankenhausverpflegung ℳ	Krankengeld ℳ	Sonstiges ℳ	Zusammen ℳ	pro Mitglied ℳ
				I. Krankenkassen Berlins.						
				a) Sämtliche Krankenkassen.						
1908	725 705	26 137 731	36,02	3 420 110	3 171 069	3 698 052	12 563 871	2 526 549	25 379 651	34,97
1909	738 955	27 641 578	37,41	3 623 953	3 115 509	3 726 316	11 852 747	2 411 851	24 730 376	33,47
1910	786 138	30 985 881	39,42	3 955 592	3 473 933	4 214 531	12 450 532	3 063 111	27 157 699	34,55
1911	825 902	33 505 791	40,57	4 403 077	3 880 608	4 797 677	14 336 704	4 019 671	31 437 737	38,06
1912	867 499	35 926 286	41,41	4 821 643	4 309 210	5 056 345	15 073 798	3 358 514	32 619 510	37,60
				b) Ortskrankenkasse.						
1912	608 349	24 968 288	41,04	—	—	—	—	—	—	—
				c) Fabrik- und Betriebskrankenkassen.						
1912	195 033	8 481 835	43,49	—	—	—	—	—	—	—
				d) Innungskrankenkassen.						
1912	63 999	2 512 682	38,64	—	—	—	—	—	—	—

II. Krankenkassen Münchens.

a) Sämtliche Krankenkassen.

1904	142 086	4 379 094	30,82	776 473	461 101	1 097 333	2 068 146	315 521	4 718 574	33,21
1905	144 885	5 997 865	41,40	815 909	442 728	1 070 572	1 568 553	295 307	4 193 069	28,94
1906	150 381	5 376 305	35,75	886 789	509 916	1 057 140	1 817 184	305 062	4 576 091	30,43
1907	157 473	5 846 795	37,13	991 809	560 011	1 173 561	2 143 811	323 057	5 192 249	32,97
1908	163 989	6 169 436	37,62	1 043 621	622 134	1 269 261	2 699 205	349 406	5 983 627	36,49
1909	171 955	6 693 553	38,93	1 172 532	648 928	1 567 146	2 847 246	385 168	6 621 020	38,50
1910	184 804	7 362 753	39,84	1 261 963	706 909	1 606 695	2 905 200	433 455	6 914 222	37,41
1911	198 672	8 042 908	40,48	1 375 284	774 125	1 818 121	3 387 229	472 755	7 827 514	39,40

b) Ortskrankenkasse.

1904	95 502	3 252 790	34,06	505 214	320 842	696 842	1 722 313	264 948	3 510 159	36,75
1905	98 053	3 915 903	39,94	529 556	311 537	691 423	1 220 044	245 546	2 998 106	30,58
1906	101 917	4 155 047	40,77	588 464	361 832	724 864	1 411 092	261 062	3 347 314	32,84
1907	105 614	4 425 575	41,90	615 318	390 356	727 994	1 665 875	264 817	3 664 360	34,70
1908	108 301	4 610 630	42,57	684 171	433 362	809 421	2 143 272	286 431	4 356 657	40,23
1909	114 595	5 001 774	43,65	752 810	454 570	884 940	2 198 955	318 901	4 610 176	40,23
1910	125 143	5 460 726	43,64	829 767	497 095	1 005 526	2 268 246	382 021	4 982 655	39,82
1911	136 477	6 092 322	44,64	912 032	559 270	1 169 239	2 664 751	421 585	5 726 877	41,96

c) Gemeindekrankenversicherung.

1911	38 636	877 594	22,71	—	—	—	—	—	—	—

d) Fabrik- und Betriebskrankenkassen.

1911	14 483	730 054	50,41	—	—	—	—	—	—	—

e) Innungskrankenkassen.

1911	9 076	342 938	37,79	—	—	—	—	—	—	—

In die Belastung bei den Berliner und Münchener Krankenkassen gewährt vorstehende Tabelle V Einblick.

Die Gesamtbelastung des Arbeiters und Arbeitgebers beträgt demnach im Durchschnitt sämtlicher Kassen der genannten Städte rund 40 ℳ pro Mitglied und Jahr. Die Ortskrankenkassen sowie die Betriebs- und Fabrikkrankenkassen haben gegenüber den anderen Kassen eine höhere Belastung, ihr entsprechen auch höhere Leistungen.

Ein Vergleich mit der Krankenkasse des Allgemeinen Knappschaftsvereins zu Bochum ergibt, daß die hier auf den Kopf der Arbeiter umgelegte Gesamtbelastung der Arbeiter und Arbeitgeber durch die Krankenversicherung gegenüber dem Durchschnitt der Berliner und Münchener Kassen im Jahre 1912 bzw. 1911 um rund 17—18 ℳ sich höher stellt.[6]) Die Kruppsche Krankenkasse dagegen zeigt eine gleich hohe Gesamtbelastung, wie aus nachstehender Übersicht [7]) (Beträge in ℳ) erhellt:

Tabelle VI.

	1885 bis 1889	1890 bis 1894	1895 bis 1899	1900	1901	1902	1903	1904	1905	1906	1907	1908	1909	1910	1911
Beiträge: 2/3 Arbeiter 1/3 Firma	30,51	27,38	27,96	28,55	30,75	32,78	33,56	50,05	50,07	53,06	52,45	52,65	52,97	56,34	57,26
Krankengelder	13,76	14,53	16,08	19,97	19,22	18,98	18,98	28,55	28,15	24,41	30,02	34,14	32,55	32,62	35,76
Ärztl. Behandlung . .	5,76	6,65	5,61	7,38	7,97	8,13	8,54	9,00	8,59	8,78	10,00	10,83	10,87	10,73	11,82
Arznei und sonstige Verpflegungskosten	6,13	6,60	6,31	8,28	7,77	7,75	7,89	8,46	7,43	7,67	9,29	10,21	10,14	11,29	12,47
Sterbegeld	1,01	1,02	0,84	0,91	0,74	0,83	0,73	1,13	1,02	1,10	0,99	0,95	1,06	1,31	1,51

Für die Invalidenversicherung liegen Durchschnittsberechnungen über die Höhe der von den Versicherten aufzubringenden Beiträge vor. Nach *Mewes* (Reichsinvalidenversicherung; Schriften des Vereins für Sozialpolitik Bd. 137 4. Tl. S. 189) hat im Gesamtdurchschnitt der einzelne Versicherte etwa 6.12 ℳ jährlich, unter Berücksichtigung der von der RVO. eingeführten Beitragserhöhung etwa 8 ℳ jährlich an Beiträgen für die Invalidenversicherung zu leisten. Bei einem Taglohn von 4 ℳ oder einem Jahresarbeitsverdienst von 1200 ℳ stellt sich der Beitragsanteil des Versicherten auf 11.50 ℳ oder 0,8% des Einkommens (angenommen, daß der Arbeitsverdienst des Mannes etwa 82% des Gesamteinkommens der Familie darstellt), bei einem Taglohn von 3 ℳ beläuft sich die Versicherungsbelastung auf 0,88% des Einkommens.

Auf Grund des gegebenen Zahlenmaterials dürfte über die Belastung des deutschen Arbeiterbudgets sich zusammenfassend sagen lassen:

[6]) Doch ist der Bergarbeiter selbst weniger belastet, da das Beitragsverhältnis zwischen Arbeiter und Arbeitgeber nicht 2:1, sondern 1:1 beträgt.

[7]) Aus *Brandt-Most*, Heimat- und Wirtschaftskunde für Rheinland und Westfalen, Bd. I, Essen 1914 S. 190.

Je nach der Natur der einzelnen Betriebe stellt sich die relative Höhe der Beiträge verschieden. Im allgemeinen machen sie 3 bis 4% des Arbeitseinkommens, einschließlich der Angestelltenversicherung für die ihr und der Arbeiterversicherung unterliegenden Kreise 4 bis 6% des Gehalts aus. Eine Ausnahmestellung nimmt der Bergbau ein, wo die Versicherungsbeiträge sich zwischen 5 bis 8% des Lohnes bewegen. Ausschlaggebend für diese Mehrbelastung des Bergbaus ist in der Hauptsache die landesrechtliche knappschaftliche Sonderversicherung in Form der Pensions- und Unterstützungskassen.

Da die Personenkreise der Angestelltenversicherung und der Arbeiterversicherungen sich vielfach berühren, ist zur Würdigung der Gesamtbelastung des Arbeiterbudgets auch auf die durch die Angestelltenversicherung verursachte Belastung Bezug zu nehmen. Die Belastung des Angestelltenbudgets ist durch § 172 des Versicherungsgesetzes für Angestellte folgendermaßen geregelt.

Tabelle VII.

Gehaltsklasse	Jahreseinkommen in M			Der auf den Angestellten sowohl wie auf den Arbeitgeber entfallende Jahresbeitrag M	Der Jahresbeitrag für den Angestellten beträgt in % seines jährlichen … einkommens der betreffenden Gehaltsklasse		
Bezeichnung	mindestens	höchstens	im Durchschnitt		Mindest-	Höchst-	Durchschnitts-
A	350	550	450	9,60	2,75	1,75	2,14
B	550,01	850	700	19,20	3,49	2,26	2,75
C	850,01	1150	1000	28,80	3,39	2,51	2,88
D	1150,01	1500	1325	40,80	3,55	2,72	3,08
E	1500,01	2000	1750	57,60	3,84	2,88	3,29
F	2000,01	2500	2250	79,20	3,96	3,17	3,52
G	2500,01	3000	2750	99,60	3,99	3,32	3,62
H	3000,01	4000	3500	120,00	4,00	3,00	3,43
I	4000,01	5000	4500	159,60	3,99	3,19	3,55

Inwieweit die vorgeschilderten Versicherungsbeiträge eine wirkliche Belastung des Versicherten bedeuten, hängt erstlich davon ab, ob der Arbeiter für diese Versicherungsbeiträge überhaupt aufzukommen hat. Wie schon erwähnt, werden in nicht wenig Fällen — freilich entgegen der gesetzgeberischen Absicht — auch die auf den Arbeiter treffenden Beitragsanteile vom Arbeitgeber mit übernommen.[8]) In anderen Fällen vermag der Arbeiter seinen Beitrag

[8]) Beispielsweise zahlt die Bayer. Versicherungsbank für 361 Angestellte 21 000 M Krankenversicherung, für 481 Angestellte 65 000 M Angestelltenversicherung und leistet in beiden Fällen die gesamten Beiträge.

aus der Lohnerhöhung, die im Zusammenhang mit der Durchführung der Versicherung vielfach erfolgte, ganz oder teilweise zu bestreiten. Diese Erscheinung zeigte sich erst jüngst wieder bei der Einführung der Angestelltenversicherung. Auch soweit der Arbeiter den Beitrag ganz aus eigenen Mitteln, also durch sonstige Einsparung leistet, erscheint die Prämie — um mit *Mewes, Halbach, Potthof*[9]) zu reden — niedrig und durchaus erschwingbar.

Aber was die Hauptsache ist, den Einzahlungen der Arbeiter stehen doppelt und dreifach höhere Gegenleistungen gegenüber. Die Gesamtheit der Versicherten erhält Jahr für Jahr ein erhebliches Mehr zurück, als sie selber leistet, so daß von einer Belastung durch die Sozialversicherung für die Gesamtheit der Versicherten nicht die Rede ist.

B.

Vergegenwärtigt man sich nämlich die Aktiven, die den Versicherten infolge der Sozialversicherung zugute kommen, so ist vor allem hervorzuheben, daß fast die gesamte deutsche Arbeiterschaft und nahezu alle Angestellten gegen Krankheit, Unfall, Invalidität, gegen die Not des Alters und ihrer Hinterbliebenen sichergestellt sind. Es waren im Jahre 1912 über 80% der Lohnarbeiter gegen Krankheit, über 90% gegen Invalidität versichert.

	Versicherte	davon männlich	davon weiblich
Krankenversicherung	15 110 848	11 049 275	4 061 573
Unfallversicherung	24 990 000[10])	15 618 000	9 372 000
Invalidenversicherung (nebst Hinterbliebenenfürsorge)	16 099 400	11 161 300	4 938 100
Angestelltenversicherung	1 685 097[11])	1 200 000[12])	480 000[12])

Diese haben alle nunmehr in den hauptsächlichsten Notfällen des Lebens einen gesetzlich gewährleistenden Anspruch auf Unterstützung. Rund 115 Mill. Erkrankte, Unfallverletzte, Erwerbsunfähige und deren Hinterbliebene haben in der Zeit von 1885 bis 1912 Entschädigungen erhalten. Diese belaufen sich auf insgesamt 10 Milliarden ℳ. Davon bezifferten die Leistungen der Krankenversicherung 5,17 Milliarden, die der Unfallversicherung 2,3 Milliarden und die der Invalidenversicherung (seit 1891) 2,5 Milliarden. Über 2 Millionen ℳ gelangen täglich für diese Arbeiterfürsorge zur Verwendung.

---

[9]) Schriften des Vereins für Sozialpolitik, Band 137, 4. Teil.

[10]) Nach Abzug der auf rund 3,4 Millionen zu schätzenden in Gewerbe-, Bau-, Seeunfallversicherung und der Unfallversicherung für Land- und Forstwirtschaft doppelt Versicherten.

[11]) Für das erste Geschäftsjahr 1913. Vgl. Geheimen Oberregierungsrat *Dr. Beckmann,* Die Alters-, Gehalts- und Familienverhältnisse der bei der Reichsversicherungsanstalt versicherten Angestellten. Tag, 29. Mai 1914. — 1. Beiheft zur Zeitschr. „Die Angestelltenversicherung" 1914 S. 5.

[12]) Geschätzt.

Die genannten Summen wurden hauptsächlich für folgende Versicherungsleistungen aufgewendet:[13])

	1911	1912	1885—1912
		in 1000 ℳ	
1. Krankenversicherung.			
Entschädigungsleistungen überhaupt	**399 377,0**	**425 596,0**	**5 176 737,8**
Ärztliche Behandlung	88 196,0	95 249,7	1 109 264,3
Arznei und Heilmittel	56 933,1	61 467,1	785 953,4
Krankengeld an Mitglieder	163 779,7	171 647,9	2 217 767,3
Krankengeld an Angehörige	6 412,1	6 873,5	58 518,9
Wöchnerinnen- u. (seit 1904) Schwangerenunterstützung	6 806,3	7 241,9	84 225,3
Krankenhauspflege, Genesung	60 062,2	64 994,1	688 750,6
Sterbegeld	9 425,2	9 508,5	149 234,0
Sonstige Leistungen (Krankentransportkosten usw.)	7 762,4	8 613,3	83 024,0
2. Unfallversicherung.			
Entschädigungsleistungen überhaupt	**166 610,9**	**170 302,6**	**2 309 647,8**
Heilverfahren (ärztliche Behandlung, Arzneien und sonstige Heilmittel außerhalb der Heilanstaltsbehandlung, Heilmittel, wie Krücken, Stützapparate)	3 632,9	3 788,8	55 829,0
Fürsorge in der gesetzlichen Wartezeit (in den ersten 13 Wochen nach dem Unfall, für welche gesetzlich die Krankenversicherung eintritt)	1 240,2	1 360,8	14 290,8
Heilanstaltsbehandlung	5 169,1	5 487,4	82 949,1
Angehörigenrente	1 477,4	1 553,5	22 770,3
Verletztenrente	118 007,5	118 322,2	1 658 496,1
Verletztenabfindung (Inländer)	2 407,3	3 244,1	19 969,1
Sterbegeld	727,7	825,8	12 641,1
Hinterbliebenenrente (Witwen, Waisen usw.)	32 648,6	34 285,6	422 539,2
Witwenabfindung	1 014,4	1 138,2	15 385,3
Ausländerabfindung	285,8	296,2	4 777,8
3. Invalidenversicherung (seit 1891) und Hinterbliebenenversicherung (seit 1912).			
Entschädigungsleistungen überhaupt	**203 866,3**	**205 191,9**	**2 477 490,3**

[13]) Statistisches Jahrbuch für das Deutsche Reich 1914 S. 387.

	1911	1912	1891—1912
		in 1000 ℳ	
Krankenfürsorge			
a) Heilverfahren	22 079,3	23 669,5	198 320,6
b) Mehrleistungen nach § 1400 RVO.	1 656,0	1 793,2	11 098,3
Invalidenhauspflege	910,8	1 099,1	5 678,3
Waisenhauspflege	·	0,3	0,3
Invalidenrente [1])	151 330,1	158 611,4	1 641 537,7
Krankenrente [1])	3 175,3	3 199,6	35 623,5
Altersrente [1])	14 468,3	14 052,7	467 049,9
Witwen- (Witwer-)Rente [1])	·	163,5	163,5
Witwenkrankenrente [1])	·	3,8	3,8
Waisenrente [1])	·	628,9	628,9
Witwengelder [1])	·	296,7	296,7
Waisenaussteuer [1])	·	2,4	2,4
Beitragserstattungen bei Heirat . . .	6 225,1	934,3	79 908,7
Unfall	45,6	37,9	570,1
Tod	3 975,8	698,6	36 607,6

[1]) Bis 30. Juni 1914 sind von den 31 Landesversicherungsanstalten und den 10 vorhandenen Sonderanstalten 2 311 449 Invalidenrenten, 156 452 Krankenrenten, 534 300 Altersrenten, 17 342 Witwen- und Witwerrenten, 585 Witwenkrankenrenten, 54 089 Waisenrenten (Rente an Waisenstamm), 19 Zusatzrenten bewilligt worden. Davon sind in dem letzten Kalendervierteljahre 37 727 Invalidenrenten, 2 943 Krankenrenten, 2 628 Altersrenten, 2 741 Witwen- und Witwerrenten, 86 Witwenkrankenrenten, 7 369 Waisenrenten, 8 Zusatzrenten festgesetzt worden. Infolge Todes oder aus anderen Gründen sind bereits 1 295 137 Invalidenrenten, 139 487 Krankenrenten, 449 023 Altersrenten, 984 Witwen- und Witwerrenten, 163 Witwenkrankenrenten, 3 560 Waisenrenten, 6 Zusatzrenten weggefallen, so daß am 1. Juli 1914 noch 1 016 312 Invalidenrenten, 16 965 Krankenrenten, 85 277 Altersrenten, 16 358 Witwen- und Witwerrenten, 422 Witwenkrankenrenten, 50 529 Waisenrenten, 13 Zusatzrenten liefen. Danach hat sich im letzten Vierteljahre der Bestand an Invalidenrenten um 11 515, an Krankenrenten um 4, an Witwen- und Witwerrenten um 2511, an Witwenkrankenrenten um 46, an Waisenrenten um 6656, an Zusatzrenten um 6 erhöht und der Bestand an Altersrenten um 1183 vermindert.

Bis einschließlich 30. Juni 1914 ist Witwengeld in 16 944 Fällen (davon entfallen 2451 auf das letzte Vierteljahr) und Waisenaussteuer in 965 Fällen (davon entfallen 218 auf das letzte Vierteljahr) bewilligt worden.

Vom Vermögen der Invalidenversicherungsanstalten mit etwa	1,929	Milliarden ℳ
Ende 1913 sind für gemeinnützige Zwecke bis dahin ausgegeben worden, und zwar für:	1244,0	Millionen ℳ
eigene gemeinnützige Veranstaltungen der Versicherungsträger (Bekämpfung von Volkskrankheiten, insbesondere der Lungentuberkulose)	79,8	Millionen ℳ
Darlehen zum Bau von Arbeiterfamilienwohnungen	457,6	„ „
Darlehen zum Bau von Ledigenheimen (Hospize, Herbergen, Gesellenhäusern usw.)	25,1	„ „
Förderung der allgemeinen Wohlfahrtspflege . . .	561,8	„ „
davon:		
für den Bau von Krankenhäusern, Genesungsheimen, Volksheilstätten und Krankenpflege überhaupt	133,1	„ „
zur Förderung der öffentlichen Gesundheitspflege (Bau von Volksbädern, Schlachthäusern, Wasserleitungen, Kanalisationen, Friedhöfen usw.) . .	181,1	„ „

für Erziehung und Unterricht, Volksbildung . . .	93,5	Millionen ℳ
für sonstige Wohlfahrtszwecke	154,1	„ „
Befriedigung des landwirtschaftlichen Kreditbedürfnisses	119,7	„ „

4. Angestelltenversicherung

	im Jahre 1913 ℳ
Ruhegeld	—
Witwenrente	211,07
Waisenrente	2,70
Teilrente	—
Heilverfahren	
verbraucht	1 542 721
zurückgestellt	9 787 539
Invalidenhauspflege	—
Waisenhauspflege	—
Mehrleistungen	—
Weiterzahlungen (§ 392) . . .	9 694
Beitragserstattungen (§ 398) .	22 861

Man findet also Leistungen der Arbeiterversicherung[14]) in Form von Krankheitskosten (für Ärzte, Arzneien, Krankenhaus), Wöchnerinnenhilfe (Wöchnerinnenunterstützung vor und nach der Niederkunft), Rekonvaleszentenfürsorge, Begräbnisgeldern. Bei Unfall gibt es Renten an die Verletzten und Renten an die Hinterbliebenen, Heilbehandlung, die sich nicht bloß mit der Wiedergenesung des Verletzten begnügt, sondern auch seine Arbeitstüchtigkeit herbeizuführen sucht. Ferner gibt es Leistungen bei längerer Krankheit, bei Invalidität und Alter in Form von Geldrenten, dann durch Unterbringung in Heilanstalten und durch Invalidenheimpflege, endlich Witwengelder, Waisenaussteuer.

Die Leistungen beschränken sich nicht nur auf die Versicherten. Sie werden in Form von besonderen Krankengeldern, besonderen Angehörigenrenten, Hinterbliebenenrenten, Witwengeldern, Waisenaussteuern auch der Familie, auch Witwen und Waisen zuteil, und bei einer Reihe von Krankenkassen stehen sie selbst den erkrankten Angehörigen des Versicherten als Krankenunterstützung zur Verfügung.

Die Leistungen sind keineswegs nur vorübergehender Art, sie werden nicht selten auf Monate, Jahre und selbst auf Lebenszeit gewährt. In vielen Fällen reicht der Umfang der Leistungen schon jetzt zur Behebung der durch den Versicherungsfall hervorgerufenen Not-

[14]) Und zwar gehen diese Leistungen weit über den Wert der von den Versicherten gezahlten Beiträge hinaus. So entfallen im Jahre 1912 auf 1 Versicherten 27.22 ℳ Krankheitskosten, dagegen nur 19.94 ℳ von ihm gezahlte Beiträge, Zusatzleistungen und Eintrittsgelder; er hat also im Durchschnitt 7.28 ℳ mehr empfangen, als er geleistet hat.

lage aus. Mit der Zeit und besonders seit der neuen RVO. werden sich die Leistungen noch erheblich steigern.

Die Versicherungshilfe wird keineswegs nur bei Eintritt der Not, bei Eintritt der Krankheit, des Unfalls, der Invalidität gewährt. Vielmehr erfolgt eine energische Bekämpfung der Ursachen, die solche Störungen des Erwerbslebens veranlassen. Also nicht bloß Notsorge, sondern auch soziale Vorbeugung, nicht bloß symptomatische, sondern zugleich kausale Therapie! Statt der früheren Palliativmittel jetzt gründliche Behandlung und vor allem präventive Hygiene.[15]) Deshalb entfalten die Arbeiterversicherungsorgane eine umfassende prophylaktische Tätigkeit, so daß die Arbeiterversicherung geradezu Grund- und Eckstein für unsere krankheitsvorbeugende Sozialhygiene geworden ist.

In diesem finanziellen, heilenden und schadenverhütenden Wirken leistet der Arbeiterversicherung die Arbeiterversicherungsstatistik besondere Dienste. Sie legt Hergang, Ursache und Folge der vorgekommenen Krankheits-, Invaliditätsfälle und der Betriebsunfälle klar. Hierdurch werden die Hauptschädlinge, die das Arbeiterleben bedrohen, und die Stellen bekannt, wo gegen sie der Kampf mit Erfolg aufgenommen werden kann. Auf dieser Grundlage ist denn auch tatsächlich von der Arbeiterversicherung, allein und in Verbindung mit anderen Organen der Wohlfahrtspflege, mit Nachdruck der systematische Kampf eingeleitet gegen die Tuberkulose, Trunksucht, die Geschlechtskrankheiten, Krebs, die Arbeiterwohnungsnot, die Arbeitslosigkeit, und wird Bedacht genommen für sozial-hygienische Schulung der Arbeiterschaft und ihrer Familien.

Was hierbei vom Standpunkt des Arbeiterhaushalts gewonnen wird, liegt auf der Hand: Nicht mehr bloß unterstützte Kranke, Verletzte, Invaliden, sondern Geheilte und wieder Arbeitsfähige! Wo sonst der Tod eintritt, wird jetzt das Leben erhalten. Wo sonst dauernde Verkrüppelung die Folge gewesen, tritt jetzt Erhaltung der Gliedmassen ein. Tausende von vorher ganz oder teilweise Arbeitsunfähigen werden wieder arbeitsfähige Elemente, die ihre Familie weiterhin ganz oder in der Hauptsache zu versorgen vermögen. Die erwachsene Arbeiterschaft ist dank den vorbeugenden

---

[15]) *Friedrich Zahn*, Die Arbeiterversicherung in Deutschland, ihre sozialhygienische und sozialpolitische Bedeutung. Münchener Medizinische Wochenschrift vom 26. November 1912 Nr. 48 S. 2612. — *Paul Kaufmann*, Schadenverhütendes Wirken in der deutschen Arbeiterversicherung. Berlin 1914. 2. Auflage. — *Lloyd George*, Geleitwort zu *H. A. Walter*, Die neuere englische Sozialpolitik, Berlin 1914. (In the past we have been trying to cure deep — seated social evils by homely remedies that never got below the surface when all the time the only hope of lasting good lay in more drastic treatment ... It is the preventive as the distingguished from the palliative side of social policy that the present Government has specially strivem to emphasise. In this way a new direction has been given to our social legislation, and this direction will unquestionably determine that legislation for a long time to come.)

Maßnahmen der Arbeiterversicherung jetzt weniger den Gefahren der Krankheit, Invalidität und des Unfalls ausgesetzt und erscheint gegen sie widerstandsfähiger, das heranwachsende Geschlecht aber entfaltet sich von vornherein gesünder und kräftiger.

Mit der Hebung der Gesundheit der Versicherten wird, wenn nicht gänzliche Verhütung, wenigstens eine Hinausschiebung der Invalidität erzielt und es werden auch die übrigen Schichten der Bevölkerung mehr als ehedem vor Ansteckung (z. B. Tuberkulose) bewahrt und zugleich zu gesundheitsmäßigem Leben miterzogen. Hierdurch ist es wesentlich miterreicht worden, daß die bisher gerade in den Kreisen der Arbeiterschaft so gefährliche Tuberkulose mehr und mehr den Charakter einer Volkskrankheit verliert: während von 1876 bis 1886 die Sterblichkeit an Tuberkulose in Preußen annähernd die gleiche war und nie unter 30 auf je 10000 Lebende sank, ist sie seitdem — trotz einzelner Schwankungen — bis auf 13,59 im Jahre 1913 zurückgegangen und zwar betrifft der Rückgang hauptsächlich die Altersklassen von über 15 Jahren.[16]) Ebenso steht mit dem Gesagten im Zusammenhang der starke Rückgang der Gesamtsterblichkeit in Deutschland im Laufe der letzten Jahrzehnte (1880: 27,5; 1890: 25,6; 1900: 23,2; 1910: 17,1; 1912: 16,4 vom Tausend der Bevölkerung). Die mittlere Lebensdauer erhöhte sich in den Jahrzehnten 1871/1880, 1901/1910 beim männlichen Geschlecht von 35,58 auf 44,82, beim weiblichen von 38,45 auf 48,33 Jahre — eine Entwicklung, die sich insbesondere auch auf die produktiven Altersklassen erstreckte. Es betrug die mittlere Lebenserwartung

im Alter	im Zeitraum					
	1881/1890		1891/1900		1901/1910	
	männl. Geschlecht	weibl. Geschlecht	männl. Geschlecht	weibl. Geschlecht	männl. Geschlecht	weibl. Geschlecht
15 Jahre	43,54	45,63	45,31	47,47	46,71	49,00
20 "	39,52	41,62	41,23	43,37	42,56	44,84
25 "	35,83	37.81	37,38	39,43	38,59	40,84
30 "	32,11	34,21	33,46	35,62	34,55	36,94
40 "	25,03	27,16	25,89	28,14	26,34	29,16
45 "	21,67	23,57	22,37	24,37	22,94	25,25
50 "	18,41	19,89	19,00	20,58	19,43	21,35

Diese erfreuliche verlängerte Erhaltung unserer Lebenskraft bildet nicht bloß ein Aktivum für die Gesamtnation sondern auch im einzelnen Arbeiterleben, wie z. B. aus den Sterblichkeitsziffern größerer Krankenkassen in Berlin, Leipzig, München erhellt:

[16]) Geschäftsbericht des deutschen Zentralkomitees für Bekämpfung der Tuberkulose 1914 S. I 8.

Tabelle VIII.

Sterblichkeitsziffern bei den Berliner Krankenkassen.

Jahr	Mitglieder-zahl	Sterbefälle absolut	Sterbefälle auf 100 000 Mitglieder	Jahr	Mitglieder-zahl	Sterbefälle absolut	Sterbefälle auf 100 000 Mitglieder
1900	492 299	4349	**879**	1907	729 876	5671	777
1901	499 666	4298	860	1908	725 705	5882	811
1902	540 719	4551	842	1909	738 955	5792	784
1903	585 347	4735	809	1910	786 138	5755	732
1904	632 367	5350	846	1911	825 894	6399	775
1905	670 078	5569	831	1912	867 499	6598	**760**
1906	710 423	5440	766				

Tabelle VIIIa.

Krankheitsfälle, Krankheitstage und Sterbefälle bei größeren Krankenkassen.

Jahr	Durchschnittliche Mitgliederzahl	Krankheitsfälle absolut	Krankheitsfälle auf 100 Mitglieder	Krankheitstage absolut	Krankheitstage auf 100 Mitglieder	Sterbefälle absolut	Sterbefälle auf 100 000 Mitglieder
	a) Sämtliche Münchener Krankenkassen.						
1904	142 086	68 982	48	1 768 736	124	1001[1]	**914**
1905	144 885	56 153	39	1 497 257	103	1003	895
1906	150 381	58 392	39	1 708 076	114	984	842
1907	157 473	66 006	42	1 893 141	120	1045	846
1908	163 989	80 849	49	2 235 944	136	1065	826
1909	171 955	86 439	50	2 296 109	134	1152	848
1910	184 804	87 973	48	2 365 070	128	1262	856
1911	198 672	103 815	52	2 696 789	136	1411	**882**
	b) Münchener Ortskrankenkasse.						
1904	95 502	54 189	57	1 354 689	142	869	**910**
1905	98 053	40 905	42	1 083 169	110	875	892
1906	101 917	43 349	43	1 244 219	136	848	832
1907	105 614	48 349	46	1 385 836	131	909	860
1908	108 301	60 351	56	1 680 682	155	913	843
1909	114 595	64 954	57	1 721 216	150	990	864
1910	125 143	67 201	54	1 777 592	142	1070	855
1911	136 477	79 860	59	2 036 630	149	1229	**901**
	c) Leipziger Ortskrankenkasse.						
1908	165 659	70 703	43	1 697 796	102	1317	**795**
1909	172 617	70 463	41	1 757 595	102	1359	787
1910	182 898	75 215	41	1 860 546	102	1356	741
1911	194 365	84 512	43	2 058 331	110	1520	782
1912	206 180	88 743	43	2 142 939	104	1578	765
1913	207 987	90 659	44	2 359 471	113	1550	**745**

[1]) Ohne Berücksichtigung der Gemeindekrankenversicherung München.

Da nach Berechnungen von *Alfred Groth*[17]) etwa 78%[18]) der Versicherten im produktiven Alter von 15—40 Jahren und nur etwa 40% der Gesamtbevölkerung in diesem Alter stehen, so läßt schon die günstige Zunahme der Lebenserhaltung im produktiven Alter auch eine Zunahme der Lebensdauer gerade der Arbeiterbevölkerung schließen.

Zuverlässigen Einblick in diese schätzungsweis angenommenen Verhältnisse würde die Gliederung der gesamten Krankenversicherungsstatistik nach Altersklassen ermöglichen. In Anbetracht aber des Umfangs und der Kosten einer solchen Arbeit hat sich das Kaiserliche Statistische Amt seinerzeit damit begnügt, solche Untersuchungen bei der Leipziger Ortskrankenkasse anzustellen. Da genannte Krankenkasse als Typus sämtlicher größeren Kassen erachtet werden kann, so dürfte nachstehende Übersicht einen annähernden Einblick in die Sterblichkeitsverhältnisse der Krankenkassen im Vergleich zu den Sterblichkeitsverhältnissen der Gesamtbevölkerung ermöglichen.

Daraus geht hervor, daß im kräftigsten Mannesalter die Sterblichkeit der männlichen Kassenmitglieder eine günstigere ist als die allgemeine. Vom 40. Lebensjahr an zeigt sich aber ein stärkerer Verbrauch der Arbeiterschaft gegenüber der Gesamtbevölkerung. Erst in der höchsten Altersklasse ist wieder ein recht bedeutendes Mehr zugunsten der Leipziger Kassenmitglieder zu bemerken. Da in dieser hohen Altersklasse unter 3156 beobachteten Personen sich noch 2134 erwerbstätige versicherungspflichtige Greise befinden, so bedeuten diese 2134 erwerbstätigen Greise eine Auslese von seltener Widerstandskraft.

Anders gestaltet sich die Sterblichkeit der weiblichen Mitglieder. In den Hauptjahren der Gebär- und Geschlechtstätigkeit 20/24 bis 30/34 ist die Kassensterblichkeit größer als die der allgemeinen deutschen Bevölkerung, was wohl auf den schädigenden Einfluß der Erwerbsarbeit in diesen Jahren zurückzuführen ist. Abgesehen noch von der Altersklasse 45/49 ist die Sterblichkeit in allen übrigen Altersklassen günstiger, namentlich in den höchsten.

Neuerdings hat *Alfons Fischer*[19]) zu den Fragen des gesundheitlichen Einflusses der Arbeiterversicherung Stellung genommen und die Ansicht vertreten, unter der Herrschaft der Arbeiterversicherung sei die physische Verelendung der Arbeiterbevölkerung nicht aufgehalten worden. Indessen sind seine Ausführungen in wesentlichen Punkten, insbesondere hinsichtlich des verwendeten

[17]) *Dr. med. Alfred Groth*, Arbeiterversicherung und Volksgesundheit, Allgemeines Statistisches Archiv, herausgegeben von G. v. Mayr und Fr. Zahn, VIII. Band 1914 S. 72 ff.

[18]) Damit stehen auch im Einklang die Angaben im Reichsarbeitsblatt 1914 S. 398.

Altersgliederung der hauptberuflichen männlichen Lohnarbeiter in der Industrie

Alter	1907	1895
	Vom Hundert	
Unter 20 Jahre	23,8	26,9
20—30 „	30,9	30,8
30—40 „	22,3	20,4
40—50 „	13,4	12,2
50 Jahre und darüber	9,6	9,7

[19]) *Dr. med. Alfons Fischer*, Karlsruhe, Vermißte Folgen der deutschen Sozialversicherung, ein Beitrag zu der Frage: Schreitet die physische Verelendung der deutschen Arbeiterbevölkerung fort? Conrad's Jahrbücher für Nationalökonomie und Statistik. Jena 1913 S. 577 ff.

Tabelle IX.

Vergleich der allgemeinen deutschen Sterblichkeit mit der Sterblichkeit in der Ortskrankenkasse Leipzig.[1])

Altersklasse	Zahl der Todesfälle			
	auf 100 000 1 Jahr beobachtete		nach der allgem. deutschen Sterbetafel auf 100 000	
	männliche	weibliche	männliche	weibliche
	Versicherte		Personen	
15—19 Jahre	286	339	429	395
20—24 „	493	556	584	514
25—29 „	520	691	608	634
30—34 „	656	757	715	736
35—39 „	928	762	933	846
40—44 „	1260	749	1221	930
45—49 „	1604	1123	1567	1072
50—54 „	2135	1363	2067	1465
55—59 „	2830	1875	2782	2135
60—64 „	4088	2234	3942	3312
65—69 „	5819	4113	5757	5181
70—74 „	7224	5389	8558	8027

[1]) Krankheits- und Sterblichkeitsverhältnisse in der Ortskrankenkasse für Leipzig und Umgegend bearbeitet im Kaiserlichen Statistischen Amt, Berlin 1910.

Materials bereits von *Groth*[20]) und *Pietsch*[21]) widerlegt worden. Die Zahl der angemeldeten Unfälle geht seit Jahren zurück.[22]) Die tatsächlich gestiegene Zahl der Krankheitsfälle und Krankheitstage besagt aber lediglich eine verstärkte Anmeldung von Kranken, eine vermehrte Krankenpflege, keineswegs ein vermehrtes Kranksein, eine Verschlechterung der physischen Beschaffenheit der Arbeiterbevölkerung. Mit fortschreitender Aufklärung der Massen über die Wich-

[20]) Vgl. a. a. O.

[21]) *Dr. G. Pietsch*, Vermißte Folgen der deutschen Sozialversicherung in „Zeitschrift für die gesamte Versicherungs-Wissenschaft", herausgegeben vom Deutschen Verein für Versicherungswissenschaft. Bd. XIV, Berlin 1914, S. 456.

[22]) Von den angemeldeten Unfällen waren insgesamt entschädigungspflichtig auf 1000 Versicherte

	Gewerbliche	Landwirtschaftliche
	Berufsgenossenschaften	
1886/1890	4,34	0,92
1891/1895	5,95	2,38
1896/1900	7,13	4,25
1901/1905	8,19	5,51
1906/1910	8,04	4,11
1907	8,36	5,60
1908	8,36	3,58
1909	7,88	3,56
1910	7,39	3,29

tigkeit und die von der Arbeiterversicherung ihnen gebotene Möglichkeit rechtzeitiger Krankenbehandlung sowie mit der weiteren Ausbildung der schadenverhütenden Wirksamkeit der Versicherungsträger nehmen naturgemäß die Arbeiterschichten jene Vorteile der heilenden, die Arbeitsfähigkeit wieder herstellenden Behandlung in verstärktem Maß in Anspruch. Und wenn eine Verlängerung der Lebensdauer der Arbeiterbevölkerung erreicht wurde trotz der von der zunehmenden großbetrieblichen Entwicklung vermehrten Krankheits-, Unfall- und Invaliditätsmöglichkeiten, so ist damit deutlich bewiesen, daß die Arbeiterversicherung ihren sanitären Zweck vollständig erfüllte.

Im allgemeinen ist also durch die deutsche Sozialversicherung eine Sicherstellung und Hebung der Gesundheit der Arbeiterbevölkerung eingetreten. Die Masse ist damit, um mit *J. Wolf* zu reden, ganz anders als früher Herrin der Lebenskonjunktur geworden; sie fällt bei Verschlechterung der Lebensbedingungen diesen nicht mehr gleich zum Opfer, weil sie nicht mehr knapp am Rande des Lebensspielraumes einhergeht, sondern sich bereits ein Stück darüber erhebt, über Reserven verfügt. Vielleicht läßt sich diese erfreuliche Erscheinung gelegentlich noch im einzelnen — entsprechend der Anregung von *Potthoff* — durch Untersuchungen dartun, welche sich auf Erhaltung von Arbeitswerten durch Versicherungsrenten und Heilverfahren anderseits auf den Wert der Versicherung für den Arbeiterhaushalt, etwa durch Vergleichung zahlreicher ähnlicher Lebensläufe mit und ohne Versicherung beziehen.

Weitere Aktiven sind bezüglich der materiellen, sittlichen, sozialen und geistigen Verhältnisse zu erwähnen.

In materieller Beziehung fällt ins Gewicht, daß die Bewegungsfreiheit und Freizügigkeit den Arbeitern erleichtert ist, sie sind im Gegensatz zu früher unabhängiger von dem einzelnen Betrieb, in dem sie eben beschäftigt sind, brauchen bei Austritt nicht den Verlust einer Anwartschaft auf die Unterstützungskasse dieses Betriebs zu riskieren, sie nehmen jetzt ihre Anwartschaft auf die Leistungen der Versicherung auch in die neue Stellung mit. Die Statistik über den Quittungskartenaustausch zwischen den einzelnen Versicherungsanstalten läßt denn auch erkennen, daß der Orts- und damit auch der Betriebswechsel im heutigen Arbeiterleben sehr häufig ist.[23])

Abgesehen davon befreit der gesetzmäßige Anspruch des Arbeiters bei Krankheit, Unfall, Invalidität, hohem Alter und Tod den Versicherten wesentlich davon, für die Sicherung seiner Existenz in diesen Notfällen auf andere Weise zu sorgen, er repräsentiert daher ein wichtiges Vermögensrecht, stellt den Anwärter in die Reihe der Besitzenden, macht seine wirtschaftliche Stellung ähnlich der des mit Pensionsberechtigung angestellten Beamten. Demgemäß hat sich sein Einkommen als Reallohn vergrößert, nämlich um die Zuwen-

---

[23]) Reichs-Arbeitsblatt vom 21. August 1913 S. 592 ff.

dungen der Versicherungskassen, die von den Unternehmern aufgebracht werden, und um den Zuschuß, den das Reich zu jeder Invaliden- und Altersrente leistet.

Auch der Nominallohn erfuhr keine Beeinträchtigung. Man hatte befürchtet, der Unternehmer würde die ihn treffenden Beitragslasten durch Kürzung des Lohns wieder auf den Arbeiter wälzen. Die Befürchtung erwies sich als unbegründet. Die Löhne sind vielmehr seit den 80er Jahren namhaft gestiegen. Als Beispiele mögen die Löhne der Bergarbeiter und zwar die Nettolöhne nach Abzug der sämtlichen Versicherungsbeiträge, ferner die Lohnnachweisungen der Unfall- und Invalidenversicherung Platz finden:

Entwicklung des durchschnittlichen Nettolohns [1] sämtlicher Bergarbeiter in Preußen 1888—1913.

Bergbau	Bezirk	Jahr	ℳ
a) Steinkohlenbergbau	Oberschlesien	1888	516
		1890	671
		1900	877
		1910	964
		1912	1085
		1913	1134
	Niederschlesien	1888	630
		1890	735
		1900	910
		1910	974
		1912	1093
		1913	1098
	Dortmund	1888	863
		1890	1067
		1900	1332
		1910	1382
		1912	1629
		1913	1755
	Saarbrücken	1888	842
		1890	1114
		1900	1044
		1910	1122
		1912	1286
		1913	1381
	Aachen	1890	878
		1900	1194
		1910	1375
		1912	1539
		1913	1558
b) Braunkohlenbergbau	Halle	1888	653
		1890	730
		1900	931
		1910	1089
		1912	1151
		1913	1175
	Linksrheinischer	1910	1172
		1912	1175
		1913	1328
c) Salzbergbau	Halle	1888	920
		1890	1012
		1900	1142
		1910	1193
		1912	1314
		1913	1326
	Clausthal	1910	1226
		1912	1385
		1913	1385
d) Erzbergbau	Mansfeld	1888	757
		1890	853
		1900	1013
		1910	1079
		1912	1171
		1913	1184
	Oberharz	1888	552
		1890	613
		1900	665
		1910	921
		1912	1003 [2]
		1913	1088 [2]
	Siegen	1910	1091
		1912	1327
		1913	1394
	Nassau und Wetzlar	1910	931
		1912	1055
		1913	1091
	Sonstiger rechtsrheinischer	1890	639
		1900	870
		1910	977
		1912	1133
		1913	1176
	Linksrheinischer	1890	634
		1900	728
		1910	878
		1912	960
		1913	993

[1] Nach Abzug aller Arbeitskosten sowie der Versicherungsbeiträge.

[2] Dazu kommt der Wert wirtschaftlicher Beihilfen, insbesondere Brotkornzulage (0,15—0,17 ℳ für 1 Schicht).

Durchschnittlicher Jahresarbeitsverdienst (ℳ) der Unfallversicherten.[1]

Name der Berufsgenossenschaft	1885	1911	Steigerung	
			absolut	in %
Knappschafts-B.-G.	894,28	1395,48	501,20	56,1
B.-G. der Feinmechanik	921,88	1339,43	417,55	45,3
Süddeutsche Eisen- und Stahl-B.-G. . . .	822,49	1182,45	359,96	43,7
Rhein.-Westf. Hütten- und Walzwerk-B.-G.	1079,89	1604,24	524,35	48,6
Rhein.-Westf. Maschinen- u. Kleineisen-B.-G.	932,32	1352,77	420,45	45,1
Chemische Industrie-B.-G..	843,47	1218,87	375,40	44,5
Rhein.-Westf. Textil-B.-G..	688,54	927,08	238,54	34,6
Bekleidungsindustrie-B.-G.	602,12	886,98	284,86	39,0
Rhein.-Westf. Baugewerks-B.-G.	641,38	970,85	329,47	51,4
Buchdruckerei-B.-G.	820,42	996,33	175,91	21,5
Fuhrwerks-B.-G.	671,39	987,65	316,26	47,1
Tiefbau-B.-G.	455,76	731,51	275,75	60,5

[1]) *Giesberts* a. a. O. S. 303.

Von 1000 vereinnahmten Wochenbeiträgen (Stückzahl) entfallen bei den 31 deutschen Versicherungsanstalten auf die Lohnklasse

Jahr	I (à 14 Pf.)	II (à 20 Pf.)	III (à 24 Pf.)	IV (à 30 Pf.)	V (à 36 Pf.)
1891	253	384	217	146	—
1895	227	392	235	146	—
1900	189	342	238	158	73
1905	133	305	250	178	134
1910	91	241	259	177	232
1911	84	227	262	174	253
1912	77	207	256	176	284

Von 100 ℳ Gesamterlös aus Invalidenversicherungsbeiträgen entfallen bei den 31 deutschen Versicherungsanstalten auf die Lohnklasse

Jahr	I (à 14 Pf.)	II (à 20 Pf.)	III (à 24 Pf.)	IV (à 30 Pf.)	V (à 36 Pf.)
1891	17,06	36,87	24,98	21,09	—
1895	15,12	37,21	26,86	20,81	—
1900	11,73	30,34	25,27	21,07	11,59
1905	7,61	25,23	24,97	22,16	20,03
1910	4,81	18,45	24,01	20,50	32,23
1911	4,36	17,13	23,90	19,95	34,66
1912	3,45	14,11	23,37	20,09	38,98

Hieraus erhellt eine bedeutende Einkommenszunahme in den arbeitenden Klassen, die auf diese Weise zugleich einen ebenbürtigen

Anteil an der Steigerung des Gesamtvolkseinkommens erzielt haben,[24]) so daß die sogenannte Verelendungstheorie auf die deutsche Arbeiterschaft sich nicht anwenden läßt. An der allgemeinen Verschiebung der Einkommen nach oben sind insbesondere stark die Klassen beteiligt, die den Einkommenstufen von 900—6000 ℳ angehören, was des näheren die preußische Einkommensteuerstatistik ersichtlich macht:

	1896	1901	1906	1912	1913
Seelenzahl nach der Personenstandsaufnahme (1000 Personen)	31 349	34 056	36 839	40 237	40 752
Zahl der einkommensteuerfreien physischen Personen (Einkommen bis zu 900 ℳ)					
mit Angehörigen (1000 Personen)	21 066	20 590	20 297	16 005	15 546
ohne Angehörige (1000 Personen)	8 614	8 724	8 835	8 159	8 086
Zahl der einkommensteuerpflichtigen physischen Personen (Einkommen über 900 ℳ)					
mit Angehörigen (1000 Personen)	10 283	13 466	16 533	24 232	25 206
ohne Angehörige (1000 Personen)	2 859	3 933	5 013	7 542	7 931
Physische Zensiten mit Einkommen					
von 900—3000 ℳ (1000 Personen)	2 321	3 211	4 146	6 123	6 489
(Einkommen in Millionen ℳ)	3 197	4 328	5 551	8 584	9 205
von 3000—6000 ℳ (1000 Personen)	215	281	343	548	579,1
(Einkommen in Millionen ℳ)	874	1 136	1 385	2 144	2 273
von 6000—9500 ℳ (1000 Personen)	57,5	75,2	89,4	111,5	118
(Einkommen in Millionen ℳ)	427	559	664	832	879
von 9500—30 000 ℳ (1000 Personen)	47,3	63,9	74,8	99	104,3
(Einkommen in Millionen ℳ)	727	990	1 156	1 534	1 572
von 30 000—100 000 ℳ (1000 Personen)	9,3	13,4	15,8	21	22,8
(Einkommen in Millionen ℳ)	462	670	784	1 052	1 162
von mehr als 100 000 ℳ (1000 Personen)	1,7	2,8	3,2	4,5	4,7
(Einkommen in Millionen ℳ)	399	694	792	1 094	1 172

Die Zunahme, die die Löhne der verschiedensten Arbeiterschichten im Lauf der letzten Jahrzehnte erfahren haben, ist durch die Erhöhung der Lebensmittelpreise sowie durch die sonstige Verteuerung des Arbeiterhaushalts keineswegs aufgewogen worden. Zwar waren tatsächlich die Erhöhungen der Arbeitslöhne im Gesamtverlauf der letzten Jahrzehnte von — zeitlich teilweise vorangegangenen oder ihnen folgenden — Preissteigerungen begleitet. Wie aber die Arbeiten von *Morgenroth* und anderen[25]) überzeugend

[24]) *Dr. Karl Helfferich*, Deutschlands Volkswohlstand 1888—1913, 4. Aufl. Berlin 1914 S. 101 ff., 139.

[25]) *Dr. W. Morgenroth*, Löhne und Preise, Aufsätze in der Zeitschrift „Das Einigungsamt" 1914 Heft 1 und 2; derselbe, Die Kosten des Münchener Arbeiterhaushalts in ihrer neueren Entwicklung, Schriften des Vereins für Sozialpolitik Bd. 145/II 1914. — *Dr. K. Bittmann*, Arbeiterhaushalt und Teuerung,

darlegen, waren die Lohnerhöhungen im allgemeinen noch merklich höher als die Verteuerung der Lebenshaltung.

Bei einer solchen Entwicklung der Reallöhne konnte ein gewaltiger, durch die Teuerung nur vorübergehend gehemmter wirtschaftlicher Aufstieg der Arbeiterschaft sich vollziehen. Es erfolgte eine Hebung ihres Wohlstands, ihrer Konsum- und Sparkraft, wie die Einkommensteuer-, die Konsum-, die Sparkassenstatistik beweisen. Auch sind unsere Arbeiter vielfach in der Lage, neben den zwangsweisen Versicherungsbeiträgen noch für freiwillige Zusatzversicherung, für freiwillige Arbeitslosenversicherung, für gewerkschaftliche Zwecke usw. namhafte Summen aufzuwenden.

Als weitere Tatsache ist in wirtschaftlicher Hinsicht zu erwähnen, daß Tausende von Angestellten und Arbeitern im Dienste der Versicherungsorgane als Geschäftsführer, Schreibgehilfen, technische Aufsichtsbeamte, Beamte der Schiedsgerichte ihren Erwerb finden; die geschäftsleitenden Beamten sind in der Regel mit den Rechten und Pflichten der Gemeindebeamten angestellt (cfr. Musterdienstordnungen, die von den Behörden im Vollzug der Reichsversicherungsordnung herausgegeben sind).

Beispielsweise umfaßt, was die Krankenversicherung betrifft, der „Verband der Bureauangestellten Deutschlands" (Sitz Berlin) 4500 Krankenkassenangestellte — eine Zahl, die aber noch keineswegs die insgesamt bei den Krankenkassen tätigen Personen darstellt, es gibt auch einen Bund deutscher Krankenkassenbeamter (Sitz Mannheim) und einen Deutschen Angestelltenverband (Sitz Elberfeld), dem Kassenangestellte angehören. — Die Geschäftsführer, Bureau-, Kassen-, Kanzlei- und Unterbeamten betrugen bei den gewerblichen Berufsgenossenschaften 3334, bei den landwirtschaftlichen 1294, zusammen 4628. — Bei den 41 Versicherungsträgern der Invalidenversicherung betrug die Zahl der im Kassen-, Bureau- und Kanzleidienst Beschäftigten 2936, mit niederen Dienstleistungen betrauten Personen 346, Überwachungsbeamten 466, des Personals in Heilstätten, Genesungsheimen, Invalidenhäusern 2086, zusammen 5834. — Die Reichsversicherungsanstalt für Angestellte beschäftigte am 31. Dezember 1913: 515 Bureaubeamte (männl. 482, weibl. 33), 11 Kassenbeamte, 71 Kanzleikräfte (männl. 19, weibl. 52), 29 Unterbeamte, 48 Kontorhelfer, 380 weibliche Personen mit sog. vorübergehender Beschäftigung; den Bureau-, Kanzlei- und Unterbeamten

Jena 1914. — *G. v. Schmoller*, Die Tatsachen der Lohnbewegung in Vergangenheit und Gegenwart. Schmollers Jahrb. f. Gesetzgebung usw. 1914 S. 550. — *A. Friedmann*, Die Wohlstandsentwicklung in Preußen 1891—1911. Conrads Jahrbuch für Nationalökonomie und Statistik 1914 S. 51. — Auch *Dr. Jüngst*, Arbeitslohn und Unternehmergewinn im rheinisch-westfälischen Steinkohlenbergbau. Berg- und Hüttenmännische Zeitschrift Glückauf 1906 Nr. 37—40, die Schrift des christlichen Gewerkschaftsverlags „Erfolge der Gewerkschaftsbewegung im Bergbau" 1912 S. 14 ff., die Ausführungen von Richard Calwer in seiner Zeitschrift Konjunktur verdienen in diesem Zusammenhang Erwähnung.

wird u. a. in Krankheitsfällen das volle Gehalt neben den Leistungen der Krankenversicherung bis zur Dauer von 6 Wochen weitergezahlt, nach 10jähriger Dienstzeit wird ihnen nur noch aus wichtigen Gründen des § 626 des Bürgerl. Gesetzbuches gekündigt.[26])

Ferner muß der ethische Charakter der Versicherungsleistungen als Aktivum gebucht werden. Der Arbeiter braucht die neue Fürsorge nicht wie früher als Almosen zu erbetteln, das seiner sozialen Ehre und seinen staatsbürgerlichen Rechten Eintrag tut. Er kann sie fordern als ein wohl erworbenes gutes Recht, als eine Art Gegenleistung für seine Beiträge und auch für die mit seiner Arbeitskraft geleisteten Dienste, als eine Art Beamtenpension. Er behält also bei Empfang der Versicherungsleistung seine volle Selbständigkeit, den vollen Besitz der bürgerlichen Rechte. Sein Selbstgefühl, das Bewußtsein seines persönlichen Wertes erfährt keine Einbuße, wird vielmehr noch erheblich verstärkt. „Er gibt gern die Beiträge für die Sicherung her im Bewußtsein, daß sie ihn schützen vor der demütigenden Inanspruchnahme der öffentlichen Wohltätigkeit und ihm einen Rechtsanspruch auf Unterstützung gewähren, um die er nicht zu betteln und nicht zu flehen braucht.“[27])

Dieses höhere soziale Niveau findet noch eine Ergänzung in dem höheren geistigen Niveau, zu welchem den Arbeiter seine Beteiligung an Rechtsprechung und Verwaltung der Versicherung erzieht. Die Arbeiterschaft gewinnt durch Mitwirkung beim Vollzug der Versicherungsgesetze eine größere Rechtskenntnis und Rechtssicherheit wie auch ein tieferes Vertrauen zur Rechtsprechung selbst. Außerdem lernt sie in dieser Schule der Selbstverwaltung, die namentlich durch die Organisation der Kranken- und Invalidenversicherung gegeben ist, die Grenze des Ausführbaren kennen, lernt mit Sachlichkeit und praktischem Verständnis an die Behandlung der sie angehenden Fragen heranzutreten. Mit dieser Befähigung ist bei der Arbeiterschaft zugleich die Lust gewachsen, Gebiete der Arbeiterwohlfahrt selbst zu regeln. Darum fühlt sich die Arbeiterschaft vielfach, wo die Unterstützung nicht ausreicht, veranlaßt, sich selbst zu helfen, indem sie teils von der freiwilligen Höherversicherung bei den Versicherungsträgern Gebrauch macht, teils freien Zuschußinstituten beitritt, um im Falle der Not keine Armenpflege in Anspruch nehmen zu müssen.

Dabei zeigt sich der moralische Einfluß der Arbeiterversicherung noch in besonderer Richtung. Wie überhaupt die Versicherung, so erzieht auch die deutsche Arbeiterversicherung (als eine Art Zwangssparkasse) zur Sparsamkeit, Selbstbeherrschung

---

[26]) Über die Anstellungsgrundsätze für die Bureau-, Kanzlei- und Unterbeamten der Reichsversicherungsanstalt für Angestellte vgl. die Angestelltenversicherung, Amtliche Nachrichten der Reichsversicherungsanstalt für Angestellte 1914 Nr. 6 u. 7.

[27]) *Giesberts* a. a. O. S. 311.

und Vorsicht. Erfahrungsgemäß hat Massenarmut — wie *E. V. Philippovich* zutreffend gelegentlich bemerkt — nicht bloß in mangelnder Produktionsorganisation, sondern auch in Mangel an Bildung und Vorsicht ihre Ursache. Wo wirtschaftliche Vorsicht, Selbstbeherrschung, Sparsamkeit fehlt, werden die in den gesellschaftlichen Verhältnissen gelegenen Gründe der Verarmung besonders wirksam. Um so mehr werden letztere aber zurückgedrängt, je mehr und je länger der Versicherungsgedanke seinen erzieherischen Einfluß in der erwähnten Richtung praktisch ausübt.

Diese Aktiven können nicht etwa, wie manche Gegner der Sozialreform versuchen, mit Hinweisen auf die Zunahme der sozialdemokratischen Stimmen oder auf einzelne der Arbeiterversicherung anhaftende Mängel „wegeskamotiert" werden.

Die Zunahme der Sozialdemokratie wäre zweifellos noch größer, ihr Kolorit ungleich radikaler, wenn der praktische Angriff positiver Sozialpolitik im Wege der Arbeiterversicherung nicht erfolgt wäre. Daß überhaupt die Arbeiterschaft durch die Arbeiterversicherung zufriedengestellt würde, hat kein Verständiger erwartet. Nemo sua sorte contentus! Auch der Schöpfer der Arbeiterversicherung, *Bismarck*, gab sich einer solchen Illusion nicht hin, er hielt die Hoffnung, die Arbeiter zufrieden zu stellen, für eine Utopie, für den Traum eines tausendjährigen Reiches, des Milleniums, das nur verwirklicht werden kann, wenn die Menschen Engel sind, für ein Hirngespinst, ein Phantom, das sich nicht greifen läßt, wenn man ihm naht. Die Unzufriedenheit wird sich, solange Menschen Menschen sind und in der Welt mit ihren Verschiedenheiten und Gegensätzen leben, überhaupt nicht ausrotten lassen.

Wenn man die Arbeiterversicherung weiter als unfallmehrendes Element hinstellt, so wird übersehen, daß im Gegenteil unter dem Einfluß der Unfallverhütungsmaßnahmen gewisse Arten von Unfällen fast ganz verschwunden sind, oder doch in ihrer Zahl erheblich sich vermindert haben und daß die Folgen der Unfälle allgemein milder wurden. Was die leichteren Unfälle und Krankheiten betrifft, so ist nur eine Vermehrung der zur Anmeldung gelangenden Unfälle und Krankheiten, nicht der tatsächlichen, festgestellt. Die erhöhte Anmeldung ist aber im Hinblick auf die jetzt in Aussicht stehenden Entschädigungen, im Hinblick auf die zunehmende Verbreitung der Kenntnis von der Handhabung der Versicherungsgesetzgebung selbstverständlich.

Weiter spricht man davon, die Arbeiterversicherung fördere in den Kreisen der Arbeiterschaft Simulation, Rentenhysterie, psychische Entartung und Demoralisation. Davon ist nur soviel richtig, wie schon *Goethe* sagt: „Nichts ist vollkommen, nichts ohne Fehler, im Geist des Ganzen liegt die Seele." Wie gerade die besten Einrichtungen, so ist auch die Arbeiterversicherung mißbräuchlicher Ausnützung ausgesetzt. Gegenüber den Übertreibungen, in denen sich hinsichtlich dieses Punktes *Ferdinand Friedensburg*[28]) und, auf ihn fußend, *Ludwig Bernhard* gefallen, weist *Rubinow* zutreffend darauf hin, daß solche Krankheitserscheinungen keineswegs ein Spezifikum des Systems der deutschen Arbeiterversicherung sind, sondern auch sonst vielfach vorkommen, wenn es gilt, Ansprüche mit allen möglichen Mitteln durchzusetzen. Im Rahmen der sonstigen Wirkungen der Arbeiterversicherung spielt die demoralisierende Nebenwirkung der Rentenhysterie eine nur untergeordnete Rolle und ist so wenig normale Begleiterscheinung wie bei der Feuerversicherung der vom Versicherten selbst herbeigeführte Brandschaden oder die von ihm mit bedenklichen Mitteln angestrebte größtmögliche Brandentschädigung oder wie bei der Einrichtung des Zeugeneides der Meineid. Man kann nicht aus dem Vorkommen von Meineiden das Institut des Zeugeneides als Ursache der Demoralisierung der Gesellschaft anklagen, ebensowenig darf man, weil im Zusammenhang mit der Arbeiterversicherung Fälle von Simulation und Rentenhysterie vorkommen, die Arbeiterversicherung für die angebliche Demoralisierung der Arbeiterschaft verantwortlich machen.

Bei den erwähnten Übertreibungen sind manche (*Hoche, Quincke, Aram*) sogar so weit gegangen, daß sie von der Rentensucht bereits als von einer deutschen Volksseuche sprachen, einen deprimierenden Einfluß des Unfallgesetzes auf die allgemeine Wehrpflicht behaupteten und meinten, unser Sozialidealismus würde uns ein Heer von Memmen züchten, die nur noch an sich und ihre Krankheit denken, die nicht mehr für ihr Vaterland leben und kämpfen, sondern für „ihre" Rente. Diese Schwarzseherei, zu der die bisherigen Tatsachen keinerlei Anlaß boten, wurde gründlich widerlegt durch das Verhalten des ganzen deutschen Volkes bis herunter zum letzten Arbeiter bei Ausbruch des europäischen Völkerkriegs sowie durch die Waffenerfolge unserer Truppen, die die soldatischen Tugenden, wie persönlichen Mut, rasche Initiative und Hintansetzen der eigenen Person, in hohem, alle Erwartungen übersteigendem Maße zur Geltung brachten.

[28]) *F. Friedensburg*, Die Praxis der deutschen Arbeiterversicherung. Berlin 1911. — *Ludwig Bernhard*, Unerwünschte Folgen der deutschen Sozialpolitik. Berlin 1912. — *J. M. Rubinow*, Besprechungen der Schrift von Friedensburg, Political Science Quarterly 1912 S. 312. — *F. Hitze*, Zur Würdigung der deutschen Arbeiter-Sozialpolitik. München-Gladbach 1913. — Derselbe, Die Arbeiter-Sozialpolitik, Beitrag zum Jubiläumswerk „Deutschland unter Kaiser Wilhelm II." Berlin 1914 Bd. 2. — *Dr. Kaufmann*, Zur Geschichte der deutschen Arbeiterversicherung, ihrer Ziele und Erfolge. Soziale Kultur und Volkswohlfahrt während der ersten 25 Regierungsjahre Kaiser Wilhelms II. Berlin 1913 S. 178 ff. — *Hugo Stursberg*, Unerwünschte Folgen deutscher Sozialpolitik? Bonn 1913. — *F. Zahn*, Kritische Besprechung der Schriften von Bernhard, Hitze etc. Zeitschrift für die gesamte Versicherungswissenschaft 1913 S. 262 ff., 838 ff. — Lehrbuch der Arbeiter-Versicherungsmedizin (Beitrag von Prof. Th. Rumpf). Leipzig 1913 S. 82. — *Rud. Wissel*, Unerwünschte Folgen der deutschen Sozialpolitik? Correspondenzblatt der Generalkommission der deutschen Gewerkschaften 1913 Nr. 4—7.

Zur Ehre der deutschen Arbeiterschaft muß aber weiter betont werden, daß sie selbst in wirksamster Weise bemüht ist, Simulation zu entlarven und rücksichtslos die diesbezüglichen Kontrollmaßnahmen zur Geltung bringt. Auch bekundet die Arbeiterschaft als Gesamtheit schon mit ihren bekannten Bestrebungen wegen Fortbildung des Arbeiterschutzes deutlich, die Arbeiterversicherungsgesetze möglichst wenig in Anspruch nehmen zu wollen; wer so verfährt, kann nicht als Simulant, der höhere Renten erschleichen will, bezeichnet werden. Ebensowenig ist an der Rentenhysterie die Idee der Arbeiterversicherung schuld, mangelhaft ist höchstens die Art des Vollzugs. Mit der weiteren Vereinfachung des bisherigen Rentenfestsetzungsverfahrens sowie mit der besseren Ausbildung und sorgsameren Diagnostik der Ärzte verringern sich jene Nachteile von selbst, namentlich wenn noch die Ätiologie die verschiedenen Neurosen noch mehr klärt und dazu hilft, diese besser zu differenzieren und betrügerische und unsittliche von krankhaften Handlungen sicherer zu unterscheiden.

Ganz irrig aber ist die Behauptung, die Arbeiterversicherung lähme die Selbstverantwortung. Gerade das Gegenteil gilt. Wie *Zacher*[29]) zutreffend betont, hat die Zwangsversicherung die vielen Millionen Arbeiter, die für die freiwillige Versicherung unerreichbar sind, aus ihrer Lethargie und Hilflosigkeit emporgehoben, sozialpolitisch und -hygienisch erzogen und ihnen in Form der freiwilligen Zusatzversicherung für die eigene Betätigung einer weitergehenden Fürsorge erleichterte Wege geschaffen. Weitere Beweise von der nicht im geringsten erlahmten Selbsthilfe unter den deutschen Arbeitern sind die höhere Beteiligung an unseren Sparkassen, die große Zahl der von ihnen gegründeten Genossenschafts- und Gewerkschaftskassen, die rasche Verbreitung der Volksversicherung — alles Einrichtungen, welche von einer regen wirtschaftlichen Kraft und Energie in unserem Arbeiterstand zeugen und diese beim Streben nach sozialem Aufstieg noch weiter erhöhen. (Siehe S. 42).

Die von gewerkschaftlichen und genossenschaftlichen Korporationen begründete „Volksfürsorge“ hat mit dem ersten Geschäftsjahr 70401 Versicherungen mit einer Versicherungssumme von 12952280 ℳ abgeschlossen und an Prämien 1080492 ℳ vereinnahmt.

Alles in allem genommen erwächst im Zeichen der Arbeiterversicherung und ihrer das Budget des Arbeiters belastenden Wirkung eine körperlich und geistig leistungsfähigere, arbeitsfreudigere, konsumkräftigere und zugleich sozial gehobene Arbeiterschaft — eine Bilanz, mit welcher die Arbeiterschaft und der Gesetzgeber selbst wohl zufrieden sein kann.

---

29) Amtlicher Bericht über die Weltausstellung St. Louis 1904.

Entwicklung der Arbeiterverbände seit 1891.[1])

		Mitgliederzahl	Gesamteinnahmen	Gesamtausgaben	Vermögen
			in Mark		
Freie Gewerkschaften	1891	277 659	1 116 588	1 606 534	425 845
	1907	1 865 506	51 396 784	43 122 519	33 242 545
	1912	2 553 162	80 375 597	61 238 421	80 833 168
Christliche Gewerkschaften .	1891	.	.	.	.
	1907	274 323	4 311 495	3 193 978	3 487 735
	1912	344 687	6 608 350	5 222 727	8 575 658
Deutsche Gewerkvereine (H.-D.)	1891	65 588	.	.	.
	1907	108 889	2 819 909	2 524 661	3 968 950
	1912	109 225	2 786 329	2 345 292	4 500 086
Unabhängige Vereine	1891	.	.	.	.
	1907	127 409	882 675	772 991	705 817
	1912	814 745	2 956 174	2 393 167	3 241 216
Wirtschaftsfriedliche Vereine .	1891	.	.	.	.
	1907	59 007	336 464	222 193	335 495
	1912	231 048	2 197 913	1 565 507	2 406 058
Zusammen	1891	343 247	1 116 588	1 606 534	425 845
	1907	2 435 134	59 747 327	49 836 342	41 740 542
	1912	4 052 867	94 924 363	72 765 114	99 556 186
Konfessionelle Arbeiter- und Arbeiterinnenvereine . . .	1891	.	.	.	.
	1907	.	.	.	.
	1912	765 089	1 149 910	1 054 128	765 090

[1]) Statistisches Jahrbuch für das Deutsche Reich 1914 S. 431.

Öffentliche und nicht öffentliche Sparkassen.

	1906	1912
Zahl der Sparkassenbücher	18,6 Mill.	23,0 Mill.
Summe der Einlagen	13,4 Milliarden ℳ	18,7 Milliarden ℳ

Volksversicherung.

	1888	1907	1912
Zahl der Versicherungsscheine	308 415	5 970 000	7 890 147
Versicherungssumme	62,5 Mill. ℳ	1081 Mill. ℳ	1544 Mill. ℳ

III. Wirkung auf das Budget des Arbeitgebers.

A.

Was die Arbeitgeber auf Grund der gesetzlichen Bestimmungen für die Arbeiterversicherung leisten, erhellt aus den oben S. 7 mitgeteilten Zahlen. Darnach betragen die Beiträge der Arbeitgeber

	1912	1885/1912
	Millionen ℳ	
für Krankenversicherung	152	1774
„ Unfallversicherung	193	2785
„ Invaliden- und Hinterbliebenenversicherung (seit 1891 bzw. 1912)	137	1611
insgesamt	482	6170

Diese Summen erfahren durch die Reichsversicherungsordnung und die Angestelltenversicherung seit 1913 noch eine erhebliche Steigerung, die für die Arbeiterversicherung auf 850 Mill. ℳ, für die Angestelltenversicherung auf ca. 95 Mill. ℳ, im ganzen auf rund 950 Mill. ℳ jährlich geschätzt wird. Die Gesamtprämien der Arbeitgeber dürften sich von 1914 ab auf 600 Mill. ℳ jährlich stellen.

Doch sagen diese Zahlen noch nichts genaues über die tatsächliche Belastung der Unternehmer durch die Sozialversicherung. Einerseits zahlen die Arbeitgeber noch mehr an Beiträgen, indem sie, wie schon bemerkt, in nicht wenig Fällen noch die auf den Arbeiter und Angestellten treffenden Beitragsanteile mitübernehmen. Auch soweit die Arbeitgeber für sich selbst eine freiwillige Versicherung bezahlen, stecken diese Unternehmerbeiträge in der Beitragssumme der Versicherten. Anderseits wird ein erheblicher Teil der Prämien, namentlich innerhalb der Unfallversicherung, für die eigene Versicherung, insbesondere innerhalb der Landwirtschaft, aber auch in einzelnen Industriezweigen, geleistet. Diese freiwillige Übernahme von Versicherungsbeiträgen sowie die Selbstversicherung, Weiterversicherung, Zusatzversicherung kann nicht ohne weiteres als gesetzliche Belastung der Sozialversicherung gelten.

Wie sich die Belastung für die einzelnen Betriebe gestaltet, darüber liegt ziemlich umfangreiches Material vor. Die gesammelten Nachweise geben zumeist nicht bloß absolute Beträge dieser Versicherungsausgaben, sondern berechnen sie auch im Verhältnis zu

a) dem Grund-, Aktienkapital,
b) den gesamten Betriebsausgaben, von denen sie einen Bestandteil bilden, oder zu anderen Teilen der Betriebsausgaben z. B. den Löhnen,
c) anderen Betriebsfaktoren, wie Arbeiterzahl, Produktionsziffern (Menge, Wert, Preis),
d) dem Rohertrag, Reingewinn, der Dividende.

Diese Vergleichsmaßstäbe sind indessen nicht gleichwertig.

Das Aktienkapital eines Unternehmens repräsentiert keineswegs ohne weiteres den in das Unternehmen in Aktienform investierten Geldbetrag, es ist mit dem Betriebskapital des Unternehmens nicht schlechthin identisch. Z. B. wird durch Kapitalerhöhungen um 5 Mill. ℳ, wobei die neuen Aktien, entsprechend dem Kurswert der alten, den Aktionären nicht zu Pari, sondern zu 200% überlassen werden, das Aktienkapital, das bisher 10 Mill. ℳ betrug, nominell nur auf 15 Mill. ℳ vermehrt, während die Aktionäre im ganzen 20 Mill. ℳ einbezahlt haben. Ebenso sind von Einfluß Kapitalherabsetzungen, Kapitalzuzahlungen, Kapitalsummen, die durch Konkurs oder Liquidation von Werken in Abgang gekommen sind.[30]) Des-

[30]) *Jüngst*, Arbeitslohn und Unternehmergewinn im rheinisch-westfälischen Steinkohlenbergbau.

wegen ist die Projizierung der Versicherungskosten auf das Aktienkapital nur ein ziemlich roher Maßstab.

Dagegen erscheint es einwandfrei, die Quote der sozialen Lasten innerhalb der gesamten Betriebsausgaben, von denen sie je einen notwendigen Bestandteil bilden, und deren Komponenten zu berechnen. Freilich, der Vergleich mit der Lohnsumme leidet daran, daß der Posten der Versicherungslasten durch Gesetz festgelegt und daher stabil ist, während die Lohnsummen in der Regel stärker als andere Posten im Unkostenkonto wachsen.[31]) Gleiches gilt von einer Berechnung der Versicherungskosten im Verhältnis zur Arbeiterzahl, die mit der Konjunktur vielfach wechselt und gegenüber den Versicherungskosten weit weniger stabil ist. Diese Bedenken fallen zwar bei Vergleichen der Versicherungskosten mit Menge und Wert der erzeugten Produktion weg, doch ist hier ebenso wie beim Maßstab der Löhne und der Arbeiterzahl zu beachten, daß je nach Klein- und Großbetrieb, je nachdem die Produktion vornehmlich mit menschlicher Arbeitskraft oder zum wesentlichen Teil auch unter Benützung von motorischer und maschineller Kraft gewonnen ist, die berechneten Belastungsziffern verschieden ausfallen müssen. Der Vergleich mit den Preisen der Produkte wird dadurch beeinträchtigt, daß die Normierung des Preises — ein interner Vorgang des Produktionsbetriebs — von vielen Faktoren bedingt ist, die sich zum Teil gegenseitig kompensieren. Nicht jede Produktionskostensteigerung bewirkt notwendig eine Preissteigerung und umgekehrt. Eine Produktionskostensteigerung ist den Produzenten nicht selten Anlaß, weit über die Kostenmehrung hinaus den Preis zu erhöhen und dabei für sich einen erhöhten Gewinn herauszuschlagen — eine Erfahrung, die immer wieder bei Ausführung von Steuergesetzen (z. B. Tabak-, Biersteuer) gemacht wird. Würde übrigens die Produktionskostenstatistik noch so sehr vervollkommnet, so wäre die Analyse für Deutschland dennoch erschwert, weil gleichzeitig mit der Arbeiterversicherung erhöhte Zölle und Verbrauchssteuern die Preise beeinflußten und eine reinliche Scheidung des beiderseitigen Einflusses ausgeschlossen ist.

Wie der Vergleich der Versicherungskosten mit den Zahlen der Gesamtausgaben und deren Komponenten für eine Feststellung des Anteils der Versicherungskosten im Rahmen des Betriebs sich eignet, so ermöglicht auch die Ziffer des Rohgewinns einen guten Vergleich der sozialen Lasten mit dem gesamten, durch Konjunktur, Gesetzgebung und Eigenart des Betriebs bestimmten Erträgnis. Dagegen sind Dividende und Reingewinn schlechte Vergleichsmaßstäbe. Die Dividendenpolitik läuft keineswegs parallel mit dem effektiven Reingewinn, sie setzt nicht selten die Dividende aus anderen an sich wohl begreiflichen Erwägungen ohne Rücksicht auf den effektiven

[31]) *Friedrich Lenz*, Zur Frage der sozialen Belastung unserer Industrie. Schmollers Jahrbuch für Gesetzgebung, Verwaltung und Volkswirtschaft im Deutschen Reich 1911 S. 1140.

Reingewinn fest. Der Reingewinn, der neben der Dividende noch die Tantiemen, Zuwendungen an die Beamten und die Arbeiterschaft und sonstige Abschreibungen umfaßt, ergibt sich aus der Gegenüberstellung sämtlicher Ausgabeposten und sämtlicher Rohertragskosten, er wechselt von Jahr zu Jahr und ist schon innerhalb des einzelnen Betriebs bei den verschiedenen Jahresabschlüssen nicht nach gleichmäßigen Grundsätzen fixiert, noch weniger ist dies der Fall von Betrieb zu Betrieb; er kann durch die Art von Buchungen (Verrechnungen von Tantiemen und anderen Überweisungen) willkürlich beeinflußt werden. Demgemäß empfiehlt sich nicht, die Versicherungskosten oder eine Reihe von Ausgabeposten dem Reingewinn gegenüberzustellen, zumal der Reingewinn ja durch jene nicht allein, auch nicht in erster Linie bestimmt wird.

Nach dem Gesagten versteht sich von selbst, daß je nach dem gewählten Vergleichsmoment das Bild von der sozialen Belastung verschieden ausfallen muß und verschiedenen Wert hat.

Über die Belastung durch die Sozialversicherung im Verhältnis zum Aktienkapital und zur Dividende gibt der Hansabund in dem Werk „Die öffentlich-rechtliche Belastung von Gewerbe, Handel und Industrie" 1911 S. 7ff. Nachweise. Die soziale Belastung ist für 304 Bergwerks-, Industrie- und Verkehrs-Aktiengesellschaften (Aktienkapital im ganzen $1\frac{1}{2}$ Milliarden ℳ) zusammen und ausgeschieden nach Branchen dargetan. Die betreffenden absoluten und relativen Zahlen sind nachstehend mitgeteilt:

Tabelle X.

Die Jahresausgabe von 304 Bergwerks-, Industrie- und Verkehrs-Aktiengesellschaften für die Arbeiterversicherung in den Jahren 1905 und 1909 (in 1000 Mk.).

	Krankenversicherung		Unfallversicherung		Invalidenversicherung		Zusammen	
	1905	1909	1905	1909	1905	1909	1905	1909
Privateisenbahnen . .	212	276	229	292	121	151	562	719
Montanindustrie . . .	1890	3086	6455	8042	1426	1969	9 771	13 097
Bierbrauereien und Malzfabriken	82	100	114	134	37	44	233	278
Industrie der Steine und Erden	66	80	156	200	71	76	293	356
Chemische Industrie .	90	115	213	274	75	86	378	475
Elektrizitätsindustrie .	85	114	142	221	69	93	296	428
Gasgesellschaften . . .	3	3	3	3	2	2	8	8
Holzindustrie	9	10	33	39	10	10	52	59
Maschinenfabriken . .	450	580	566	827	245	312	1 261	1 719
Papierfabriken	27	35	58	76	18	22	103	133
Schiffbauindustrie . . .	90	130	279	383	74	88	443	601
Textilindustrie	277	344	231	253	207	223	715	820
Zuckerindustrie . . .	18	25	51	69	24	28	93	122
Kreditbanken	117	207	3	5	60	90	180	302
Zusammen	3416	5105	8533	10 818	2439	3194	14 388	19 117

Tabelle XI.

Die Jahresausgabe von 304 Bergwerks-, Industrie- und Verkehrs-Aktiengesellschaften für die Arbeiterversicherung in den Jahren 1905 und 1909 in Prozenten des Aktienkapitals und der Dividende.

	Krankenversicherung				Unfallversicherung				Invalidenversicherung				Zusammen			
	in % des Aktien-kapitals		in % der Dividende		in % des Aktien-kapitals		in % der Dividende		in % des Aktien-kapitals		in % der Dividende		in % des Aktien-kapitals		in % der Dividende	
	1905	1909	1905	1909	1905	1909	1905	1909	1905	1909	1905	1909	1905	1909	1905	1909
Privateisenbahnen . . .	0,11	0,12	1,6	1,5	0,11	0,13	1,8	1,5	0,06	0,08	0,9	0,8	0,28	0,33	4,3	3,8
Montanindustrie . . .	0,326	0,46	3,22	6,17	1,12	1,01	10,80	16,08	0,245	0,31	2,41	3,94	1,691	1,78	16,43	26,19
Bierbrauereien und Malzfabriken	0,200	0,238	1,91	2,78	0,27	0,319	2,65	3,72	0,090	0,10	0,86	1,22	0,560	0,657	5,42	7,72
Industrie der Steine und Erden	0,22	0,25	3,4	3,8	0,52	0,64	8,2	9,4	0,24	0,24	3,7	3,6	0,98	1,13	15,3	16,8
Chemische Industrie . .	0,11	0,13	0,82	0,82	0,27	0,31	1,94	1,96	0,10	0,10	0,68	0,61	0,48	0,54	3,44	3,39
Elektrizitätsindustrie . .	0,06	0,07	0,7	0,9	0,10	0,15	1,2	1,7	0,05	0,06	0,6	0,7	0,21	0,28	2,5	3,3
Gasgesellschaften . . .	0,10	0,10	1,2	1,1	0,10	0,10	1,2	1,1	0,07	0,07	0,8	0,8	0,27	0,27	3,2	3,0
Holzindustrie	0,128	0,150	2,97	4,2	0,471	0,582	11,0	16,25	0,145	0,150	3,33	4,2	0,744	0,882	17,30	24,65
Maschinenfabriken . . .	0,45	0,48	3,7	3,62	0,56	0,69	4,7	5,2	0,24	0,26	2,0	1,9	1,25	1,43	10,4	10,72
Papierfabriken	0,2	0,3	2,1	3,0	0,5	0,6	4,5	6,3	0,2	0,2	1,4	1,8	0,9	1,1	8,0	11,1
Schiffbauindustrie . . .	0,5	0,7	4,0	5,0	1,6	1,9	12,1	18,0	0,4	0,5	3,2	3,6	2,5	3,1	19,3	26,6
Textilindustrie	0,33	0,41	3,46	3,60	0,28	0,30	2,88	2,60	0,25	0,27	2,59	2,32	0,86	0,98	8,93	8,52
Zuckerindustrie	0,09	0,12	0,9	1,0	0,25	0,25	2,6	2,76	0,12	0,14	1,2	1,02	0,46	0,51	4,70	4,78
Kreditbanken	0,02	0,02	0,2	0,3	.	.	.	.	0,01	0,01	0,1	0,1	0,03	0,03	0,3	0,4
Gesamtbelastung (Hierbei ist die Pensionsversicherung der Angestellten und andere Spezialversicherung als Arbeiterversicherung gleichfalls mitberücksichtigt.)	.	.	.	.	.	.	.	.	.	.	.	.	1,61	2,14	16,7	23,37

Hiernach beträgt die Versicherungslast jener 304 Betriebsgesellschaften — allerdings einschließlich der Pensionsversicherung der Angestellten und einschließlich sonstiger privater Arbeiterversicherung — 2,14% des Aktienkapitals, 23,37% der Dividende im Jahre 1909, während sie an direkten Steuern (Reichs-, Staats-, Kreis- und Gemeindesteuern) 1,36% des Aktienkapitals, an sonstigen öffentlichen Abgaben (Handelskammerbeiträge usw.) 0,05% des Aktienkapitals, 14,8 bzw. 0,5% der Dividende zu entrichten hatten. Daß die hier verwendeten Maßstäbe nicht einwandfrei erscheinen, wurde bereits oben erwähnt.

Für einzelne Firmen des Ruhrbergbaus gestaltet sich nach *Jüngst*[32]) das Verhältnis der sozialen Zwangsleistungen zum Aktienkapital folgendermaßen ($^1/_3$ der Leistungen dürfte für das Arbeiterbudget in Abzug zu bringen sein):

Gesellschaft	1907 %	1908 %
Hibernia	5,83	6,05
Essener Steinkohlen	4,80	6,14
Consolidation	6,28	8,05
Arenberg	14,68	10,11
Mülheimer Bergw.	5,35	6,71
Dahlbusch	4,97	6,35
Königsborn	5,70	7,22
Concordia	10,12	11,17
König Wilhelm	7,05	9,05
Massen	5,17	6,54
Kölner Bergw.	7,40	9,35
Bochumer Bergw.	4,97	7,01
Neuessen	7,50	9,75
Magdeburger Bergw.	8,45	10,82
Aplerbecker Verein	8,01	9,85

Im Verhältnis zur Lohnsumme und zur Arbeiterzahl ist die Versicherungslast in der oben S. 14/15 abgedruckten Tabelle für einige Betriebe der Norddeutschen Knappschaftspensionskasse veranschaulicht. Die Hauptziffern seien hier wiederholt und noch einige andere angereiht. Darnach stellt sich die Belastung des Arbeitgebers durch die Zwangsversicherung

32) *Dr. Jüngst*, Die Leistungen des Ruhrbergbaus auf dem Gebiet der sozialen Zwangsversicherung. Glückauf 1913 Nr. 7—9 S. 297.

im Jahre 1913

bei	ausschl. freiwillig übernommener Leistungen °/o der Lohnsumme	einschl. freiwillig übernommener Leistungen °/o der Lohnsumme	ausschl. freiwillig übernommener Leistungen °/o der Arbeiter	einschl. freiwillig übernommener Leistungen °/o der Arbeiter
der Mansfeld'schen Kupferschiefer bauenden Gewerkschaft Eisleben .	7,6	7,7	98,3	100,7
der Aktiengesellschaft Landshammer	4,4	6,7	59,7	90,5
den Anhaltischen Kohlenwerken Halle a. S.	7,6	7,8	94,6	97,8
den Eisenhütten und Emaillierwerk Tangerhütte	8,2	10,7	97,7	128,1
Weise und Monski, Halle a. S. . . .	2,9	5,3	39,4	73,6

	im Jahre 1913 °/o der Lohnsumme	im Jahre 1913 °/o der Arbeiter
bei der Sektion V der Knappschaftsberufsgenossenschaft zu Waldenburg in Schlesien	1,67	20,38
und zwar		
beim Steinkohlenbergbau	1,71	20,91
beim Braunkohlenbergbau.	1,43	17,51
bei Metallischen Zechen und Hütten	1,12	11,65
bei den selbständigen Tiefbohrbetrieben und den landwirtschaftlichen Nebenbetrieben	0,07	0,40
im Allgemeinen Knappschaftsverein Bochum 1912	7,34	126,48
1910	8,62	119,69
1905	7,52	90,86
1900	5,33	69,52
1890	5,33	55,21
1880	—	27,69

Wie man aus diesen Übersichten und den beiden S. 49 abgedruckten Tabellen sieht, stellt sich die Belastung nach einzelnen Betrieben sehr verschieden. Zum Teil sind wohl die Unterschiede durch die sogenannten gemischten Betriebe bedingt. Innerhalb der Montanindustrie ist die Belastung noch dadurch vergrößert, daß neben der reichsrechtlichen eine landesrechtliche Arbeiterfürsorge besondere Aufwendungen erforderlich macht. Beispielsweise stellten sich bei dem Allgemeinen Knappschaftsverein in Bochum die Arbeitgeberbeiträge im Jahre 1912 für die reichsrechtliche Fürsorge auf 4,83%, für die landesrechtliche auf 3,01% des Lohns oder auf 84,45 bzw. 52,75 ℳ pro Arbeiter. Weiteres zeigen die Tabellen auf S. 50.

Tabelle XII.

Die soziale Belastung des Phönix, Aktiengesellschaft für Bergbau und Hüttenbetrieb in Hörde.[1])

Geschäftsjahr	Löhne der Arbeiter (in 1000 M)	Aufwendungen für gesetzliche und freiwillige [2]) Wohlfahrtseinrichtungen seitens der Gesellschaft: absolut (in 1000 M)	pro Kopf des Arbeiters M	in % des Lohnes	in % des Aktienkapitals	Steuern (in 1000 M)	Abgaben und Lasten (Spalte 3 und 7) betrugen in % des Aktienkapitals
1	2	3	4	5	6	7	8
1890/91	5 066	163	34,80	3,2	1,0	130	1,8
1900/01	13 606	484	43,00	3,6	1,6	491	3,2
1905/06	17 654	883	66,75	5,0	2,5	405	3,7
1908/09	49 424	3491	101,00	7,1	3,5	2116	5,6
1909/10	50 022	3611	103,50	7,2	3,6	2701	6,3
1910/11	57 829	3906	101,10	6,8	3,7	2714	6,2
1911/12	60 900	4197	105,60	6,9	3,9	2895	6,7

[1]) Aus der Denkschrift zum 60jährigen Bestehen des Unternehmens im Jahre 1912.
[2]) Die freiwilligen Leistungen betrugen beispielsweise im Geschäftsjahr 1911/12: 621 860 M.

Tabelle XIII.

Die Lasten der Gelsenkirchener Bergwerks-Aktiengesellschaft.[1])

Jahr	Zahl der Arbeiter	Jährliche Lohnsumme	Steuerlast		Soziale Versicherungslast					
					für den Arbeiter			für den Arbeitgeber		
			absolut	pro Kopf des Arbeiters	absolut	pro Kopf des Arbeiters	in % des Lohns	absolut	pro Kopf des Arbeiters	in % des Lohns
		M	M	M	M	M		M	M	
1880	1 910	—	123 731	64,78	47 894	25,08	—	49 376	25,85	—
1890	5 655	—	380 575	67,29	224 327	39,67	—	362 239	63,94	—
1900	19 088	—	757 076	39,66	1 207 402	63,25	—	1 471 452	76,83	—
1905	23 905	30 215 290	1 256 382	52,56	1 676 966	70,15	5,55	2 282 123	94,85	5,98
1906	24 234	36 205 596	1 347 849	55,61	1 805 470	74,50	4,99	2 665 503	109,29	7,36
1907	40 911	66 758 435	2 097 486	51,27	2 677 749	65,45	4,01	3 906 534	99,30	5,85
1908	44 343	70 549 392	2 337 589	52,72	3 240 302	73,07	4,59	4 728 006	110,26	6,70
1909	44 589	65 050 235	2 954 603	66,24	3 217 457	72,16	4,93	4 467 974	103,28	6,87
1910	45 094	—	3 469 176	76,93	3 341 158	74,09	—	5 026 723	111,48	—
1911	47 077	—	3 292 296	69,92	3 501 875	74,39	—	5 401 602	114,75	—
1912	48 986	—	3 366 770	68,73	3 924 503	80,12	—	6 056 013	123,62	—

[1]) Jubiläumsschrift der Gelsenkirchener Bergwerks-Aktiengesellschaft 1873—1913.

Tabelle XIV.

Lasten der Sozialversicherung für die Gußstahlfabrik Friedrich Krupp, Essen.

	1910	1911	1912	1913
1. Aktienkapital	180 000 000	180 000 000	180 000 000	180 000 000
2. Lohnsumme	93 265 462	95 188 668	103 385 384	115 758 084
3. Arbeiterzahl	62 199	62 201	65 012	69 775
4. Soziale Versicherungskosten:				
a) Krankenversicherung	1 937 532	1 958 073	2 091 146	2 231 925
b) Unfallversicherung	1 907 942	2 005 014	2 045 018	2 039 914
c) Invalidenversicherung	545 133	546 799	770 521	826 599
d) Angestellten-Versichg.	—	—	—	597 204
Zusammen	4 390 607	4 509 886	4 906 685	5 695 642
in % des Aktienkapitals	2,44	2,51	2,73	3,16
in % der Lohnsumme	4,71	4,74	4,75	4,92
pro Kopf der Arbeiterzahl	70,59	72,51	75,47	81,63

Tabelle XV.

Die reichsrechtliche und landesrechtliche Belastung beim Allgemeinen Knappschaftsverein in Bochum.

(Nach Bericht des Generaldirektors Geh. Bergrat *Dr. Weidtmann.*)

Jahr	Arbeiterbeiträge						Arbeitgeberbeiträge					
	reichsrechtliche [1]			landesrechtliche [2]			reichsrechtliche [1]			landesrechtliche [2]		
	insgesamt M	in % des Lohns	pro Arbeiter M	insgesamt M	in % des Lohns	pro Arbeiter M	insgesamt M	in % des Lohns	pro Arbeiter M	insgesamt M	in % des Lohns	pro Arbeiter M
1908	12 524 456	2,14	36,78	14 887 144	3,10	50,76	24 647 162	4,46	73,21	14 841 936	3,09	50,61
1909	12 694 132	2,46	36,65	14 231 865	3,30	49,23	27 189 118	5,31	79,27	14 155 915	3,28	48,97
1910	12 884 821	2,43	36,94	14 681 698	3,34	50,82	27 276 597	5,17	78,71	14 661 685	3,33	50,76
1911	13 320 063	2,50	37,51	15 335 765	3,28	52,07	28 787 011	5,32	81,45	15 310 920	3,27	51,98
1912	15 699 889	2,40	41,98	16 415 408	3,02	52,85	31 265 159	4,83	84,45	16 382 210	3,01	52,75

[1]) Kranken-, Unfall-, Invaliden- und Hinterbliebenenversicherung.
[2]) Knappschaftliche Pensionskasse.

Ähnliche Angaben über Belastung des Bergbaues und die unterschiedliche Belastung der einzelnen Betriebe bringt der Geschäftsführer des Vereins der Industriellen des Regierungsbezirks Cöln, *Paul Steller*,[33]) für das Jahr 1909:

[33]) Das Unternehmertum und die öffentlichen Zustände in Deutschland, Berlin 1911 S. 42 ff. — Vielfach läßt *Steller* genaue Angaben darüber, was er

	in % des Lohnes	pro Kopf der Versicherten
Berlin-Anhaltsche Maschinenbau-A.-G., Abt. Cöln-Bayenthal	—	48,97
Cölnische Gummifädenfabrik vorm. Ferd. Kohlstadt & Co. in Cöln-Deutz	4,19	30,11
Mechanische Jutte-Spinnerei und -Weberei in Bonn a. Rh.	—	24,17
Rheinische A.-G. für Braunkohlenbergbau in Cöln	5,79	60,07
Rhein- und Seeschiffahrtsgesellschaft in Cöln a. Rh.	—	60,11
Land- und Seekabelwerke, A.-G. in Cöln-Nippes	—	40,45
Vereinigte Stahlwerke von der Zypen und Wissener Eisenhütten, A.-G. in Cöln-Deutz	5,77	74,84
Maschinenbau-Anstalt Humboldt in Cöln-Kalk		
a) infolge der Sozialversicherung	4,20	48,90
b) infolge Wohlfahrtseinrichtungen	3,00	34,98
Westfälische Drahtindustrie in Hamm i. W.	3,23	44,87[1])
Farbenfabriken vorm. F. Bayer & Co. in Elberfeld		
a) infolge der Sozialversicherung	3,00	34,60
b) infolge Wohlfahrtseinrichtungen	14,10	160,40
Vereinigte Königs- und Laurahütte		
a) infolge der Sozialversicherung	8,88	—
b) infolge Wohlfahrtseinrichtungen	7,22	—
Gasmotorenfabrik Deutz in Cöln-Deutz		
a) infolge der Sozialversicherung	3,07	45,59
b) infolge Wohlfahrtseinrichtungen	3,15	46,73
Gute-Hoffnungshütte, Aktienverein für Bergbau und Hüttenbetrieb in Oberhausen (Rhld.)		
a) infolge der Sozialversicherung	—	91,89
b) infolge Wohlfahrtseinrichtungen	—	73,75

[1]) Sozialpolitische Abgaben.

Nach Dr. *Schweighoffer*[34]) hatte an sozialen Versicherungskosten pro Kopf des Arbeiters der einzelne Betrieb zu tragen:

	in den Jahren 1900	in den Jahren 1910 bzw. 1911
	in Mark	in Mark
die Aktiengesellschaft Schlesische Leinenindustrie in Freiburg i. Schl.[1])	14,66	21,11
die Betriebsgesellschaft der Vopelius'schen und Wenzel'schen Glashütten in Sulzbach a. S.	37,00	76,00

[1]) Die freiwilligen sozialen Aufwendungen betrugen pro Kopf 1909 4.88 M., 1910 11.00 M.

unter „sozialen Lasten" verstanden wissen will, vermissen. Doch dürfte anzunehmen sein, daß er darunter die sozialpolitische Belastung (durch Sozialversicherung und Wohlfahrtseinrichtungen) versteht.

[34]) *Dr. Schweighoffer,* Die Belastung der Industrie durch die Sozialversicherung. Vorträge der Cölner Fortbildungskurse für Kommunal- und Sozialbeamte. II. Kursus, Tübingen 1913 S. 289.

	in den Jahren 1900	1910 bzw. 1911
	in Mark	
die Aktiengesellschaft für Eisenindustrie und Brückenbau von Harkort in Duisburg . . .	36,90	62,70
die Chemische Fabrik von Merk in Darmstadt	25,65	34,60
das Eisenwerk Wülfel in Hannover	14,54	24,63
die Tapetenfabrik von Flammerheim und Steinmann in Cöln-Zollstock.	19,00	30,00
die Firma Th. Goldschmidt in Essen-Ruhr [1]. .	31,06	68,10
die Glasfabrik Hirsch & Co., Hermannhütte bei Pirna	25,00	45,00
die Firma H. Rönsch in Radeberg	25,00	45,00
die Firma Bergmann und Siemens G. m. b. H. in Mülheim-Ruhr	32,00	58,00

[1]) Die freiwilligen sozialen Aufwendungen betrugen pro Kopf 1909 16 ℳ., 1910 68 ℳ.

Weitere ausführliche Angaben über die Belastung des Arbeitgebers im Verhältnis zum Arbeitslohn finden sich in dem bereits erwähnten Werk von *Dawson* über die deutsche Arbeiterversicherung. Von Interesse ist namentlich folgende Zusammenstellung, die auf Angaben großer Firmen vom Jahre 1911 beruht:

Branche	Krankenversicherung	Unfallversicherung	Invalidenversicherung	Zusammen
	Prozent vom Arbeitslohn			
Stahl	1,04	1,76	0,60	3,4
Eisen und Stahl.	—	—	—	3,7
Lokomotiven und Waggons	—	—	—	4,2
Lokomotiven	—	—	—	3,7
Maschinengerät	—	—	—	4,0
Maschinen	0,9	2,2	0,6	3,7
"	1,1	1,1	0,8	3,1
"	—	—	—	3,5
Elektroingenieurbranche	—	—	—	2,6
"	1,1	0,7	0,6	2,4
Automobile	—	—	—	2,6
Schiffbau	0,9	2,4	0,7	4,0
Kohlengrube	—	—	—	5,4
"	—	2,6	—	8,2
Chemische Industrie	—	—	—	2,9
" "	—	—	—	3,0
" "	—	—	—	4,0
Glas	1,9	2,5	0,7	5,1
Papier	—	—	—	4,0
Baumwollspinnerei und -weberei . . .	—	—	—	4,0
Baumwollspinnerei	1,0	0,5	0,7	2,2
Gesamt-Durchschnitt	1,13	1,72	0,67	3,8

Ein klareres Bild über die Versicherungsausgaben der Unternehmer bekommt man durch Vergleich derselben **mit den Gesamtausgaben und Roheinnahmen eines Betriebs.** *Fr. Lenz*[35]) hat in verdienstlicher Weise eine solche Berechnung an der Hand der Geschäftsberichte der Gelsenkirchener Bergwerks-Aktiengesellschaft (Gelsenkirchen) aufgestellt. Demnach betragen im Jahre 1913 die Beiträge für Sozialversicherung 14,6% der Gesamtausgaben, während auf die Steuern 10,7, die Betriebsunkosten einschließlich freiwilliger Lasten 19,9 und auf die Abschreibungen 54,8% entfallen. Sie sind in der Zeit 1905/13 nicht mehr als die übrigen Betriebsunkosten, nämlich um 171% gestiegen, dagegen die Steuern um 260, die Abschreibungen um 263, die Gesamtausgaben um 225%. Von der Gesamtausgabe verzehrten im Jahre 1913 Versicherungskosten und Steuern 14,6 + 10,7 (1905: 17,5 + 9,6) %, von den Roheinnahmen 9,3 + 6,8 (1905: 8,5 + 4,7) %. Die Gesamtausgaben der Gelsenkirchener Bergwerks-Aktiengesellschaft gestalteten sich in den Jahren 1905 bis 1913 folgendermaßen:

Tabelle XVI.

Jahr	Betriebsunkosten einschließlich freiwillige soziale Lasten ℳ	Beiträge zur Sozialzwangsversicherung ℳ	Steuern ℳ	Abschreibungen ℳ	Gesamtausgaben ℳ	Roheinnahmen ℳ	Reingewinn ℳ
1905	3 104 323	2 282 124	1 256 382	6 411 829	13 054 658	26 798 868	13 744 211
1909	5 734 067	4 467 974	2 954 603	11 102 187	24 258 831	37 300 937	13 042 105
1910	6 257 671	5 026 723	3 469 176	12 790 044	27 543 615	43 541 509	15 997 895
1911	6 704 311	5 401 602	3 292 296	14 526 340	29 924 550	45 972 445	16 047 894
1912	7 318 717	6 056 013	3 366 771	21 717 694	38 459 194	58 077 615	19 618 421
1913	8 433 007	6 199 779	4 523 794	23 308 527	42 465 107	66 605 945	24 140 838

Vom Hundert der Gesamtausgaben entfallen auf:

1905	23,8	17,5	9,6	49,1	100,0	—	—
1909	23,7	18,4	12,1	45,8	100,0	—	—
1910	22,7	18,2	12,6	46,5	100,0	—	—
1911	22,5	18,0	11,0	48,5	100,0	—	—
1912	19,0	15,7	8,9	56,4	100,0	—	—
1913	19,9	14,6	10,7	54,8	100,0	—	—
Steigerung von 1905 bis 1913	171,6	171,7	260,1	263,5	225,3	148,5	75,6

---

[35]) *Schmollers* Jahrbuch 1911 S. 93.

In % der Roheinnahmen (a) und in % des Reingewinns (b):

Jahr	Betriebsunkosten einschl. freiwillige soziale Lasten M		Beiträge zur Sozialzwangsversicherung M		Steuern M		Abschreibungen M		Gesamtausgaben M	
	a	b	a	b	a	b	a	b	a	b
1905	11,6	22,6	8,5	16,6	4,7	9,1	23,9	46,7	48,7	95,0
1909	15,4	43,9	12,0	34,3	7,9	22,7	29,8	85,1	65,0	186,0
1910	14,4	39,1	11,5	31,4	8,0	21,7	29,4	79,9	63,3	172,2
1911	14,6	41,8	11,7	33,7	7,2	20,5	31,6	90,5	65,1	186,5
1912	12,6	37,3	10,4	30,9	5,8	17,2	37,4	110,7	66,2	196,0
1913	12,7	34,9	9,3	25,7	6,8	18,7	35,0	96,6	63,8	175,9

Es wäre also irrig und einseitig, wollte man die in den letzten Jahrzehnten erfolgte Ausgabensteigerung, mit der das Wachstum der Gewinne nicht immer gleichen Schritt zu halten vermochte, lediglich den sozialen Versicherungskosten zuschreiben. Das Gesamterträgnis wird eben noch wesentlich durch andere Faktoren bestimmt. Hierzu gehören insbesondere die Konjunktur und die Steuern.

Hinsichtlich der Konjunktur zeigt *F. Lenz,*[36]) daß trotz starker absoluter Zunahme der sozialen Versicherungslast bei steigender Konjunktur der Anteil der Versicherungskosten der Unternehmer am Produktionswert, Reingewinn, an der Dividende usw. sinkt, bei zurückgehender Konjunktur dagegen aber steigt.

So betrug die Sozialbelastung

	pro 100 M Produktionswert beim privaten oberschlesischen Steinkohlenbergbau[1]) M	pro 100 M Reingewinn bei der Gelsenkirchener Bergwerks-A.-G.[2]) M	pro 100 M Dividende nach der Statistik des Hansabundes bei der Montanindustrie[3]) M
1900*	7,35	23,6	25,0
1901*	6,88	31,0	32,3
1902	8,24	36,8	41,5
1903	8,68	38,6	38,0
1904	9,22	42,3	38,3
1905	9,32	44,6	34,2
1906	—	46,8	30,9
1907*	7,84	34,8	33,8
1908	8,12	54,2	51,8
1909	8,98	56,9	63,5
1910	—	53,1	—

*) Jahre steigender Konjunktur.
[1]) Freiwillige und Zwangslast einschließlich Arbeitnehmerbeiträge.
[2]) Steuern und Versicherung, ausschließlich Arbeitnehmerbeiträge.
[3]) Einschließlich Pensionsversicherung.

[36]) *F. Lenz*, Sozialpolitik und Unternehmertum, Preuß. Jahrbücher Bd. 152, Berlin 1911 S. 313 ff.

Die Steuern machen bei der Gelsenkirchener Bergwerks-Aktiengesellschaft im Jahre 1913: 4 Mill. gegen 6 Mill. Versicherungskosten aus, sie verhalten sich zu den letzteren Lasten wie 2:3. In manchen Industrien üben die Steuern einen noch entscheidenderen Einfluß, z. B. in der Brauindustrie. Die in der Denkschrift des Hansabundes „über öffentlich-rechtliche Belastungen von Gewerbe, Handel und Industrie“ erfaßten Brauereiunternehmungen zahlten (in 1000 ℳ)

	Steuern	Beiträge zur Sozialversicherung	freiwillige soziale Aufwendungen
1900	594	150	150
1909	1058	296	173

Die Schultheiß-Brauerei Berlin hatte zu entrichten (in 1000 ℳ)

	Steuern	Beiträge zur Sozialversicherung	freiwillige soziale Aufwendungen
1900/01	1303	105	455
1909/10	5670	221	741

Zeigen schon vorstehende absolute Zahlen die Geringfügigkeit des Versicherungskontos gegenüber den steuerlichen Erfordernissen, so erhellt dies noch besonders deutlich aus den Berechnungen von *Lenz*. Es entfielen bei der Schultheiß-Brauerei vom Hundert der „sozialen Lasten“ (d. h. Sozialversicherung und Steuern) auf

	Sozialversicherung	Steuern
1870	0,5	99,5
1871/75	1,2	98,8
1876/80	2,6	97,4
1881/90	5,6	94,4
1891/95	7,7	92,3
1896/00	7,5	92,5
1901/05	10,6	89,4
1906/08	6,7	93,3
1909/11	3,6	96,4

Wenn die Versicherungslasten absolut und relativ gestiegen sind, so war darauf neben der Gesetzgebung und neben der Konjunktur insbesondere die Lohnhöhe der Versicherten und die im Laufe der letzten Jahrzehnte erfolgte Lohnerhöhung zum guten

Teil von Einfluß. Mit wachsendem Lohne erhöhen sich die Beiträge des Versicherten und seines Arbeitgebers (und ebenso die Leistungen der Versicherung). Daneben spielt noch eine Rolle die Erweiterung des Versicherungskreises mit der Einführung neuer versicherbarer Leistungen und zum Teil auch wohl der Rückgang des mittleren Leistungsertrags infolge Einführung des Maximalarbeitstages und sonstiger Arbeiterschutzbeschränkungen,

Tabelle XVII.

Entwicklung der auf eine Tonne Kohle entfallenden Arbeiterversicherungsaufwendungen und des prozentualen Anteils derselben am Förderwert im Oberbergamtsbezirk Dortmund in den Jahren 1887 bis 1911.

Jahr	Kosten der gesamten Arbeiterversicherung auf 1 t Kohle		Anteil der Arbeiterversicherungskosten am Förderwert		Förderung pro Schicht und Mann der Gesamtbelegschaft in Tonnen
	absolut in ℳ	Indexziffer	in %	Indexziffer	
1887	0,30	96,8	6,5	104,8	0,990
1888	0,30	96,8	6,3	101,6	1,015
1889	0,32	103,2	5,9	95,2	0,981
1890	0,34	109,6	4,3	69,4	0,935
1891	0,36	116,1	4,3	69,4	0,906
1892	0,44	142,0	6,0	96,8	0,895
1893	0,45	145,1	7,0	112,8	0,900
1894	0,43	138,7	6,7	108,0	0,900
1895	0,44	142,0	6,6	106,5	0,898
1896	0,42	136,5	6,2	100,0	0,908
1897	0,41	132,3	5,8	93,6	0,897
1898	0,43	138,7	5,9	95,2	0,873
1899	0,48	154,8	6,3	101,6	0,865
1900	0,51	164,5	6,0	96,8	0,851
1901	0,59	190,4	6,7	108,0	0,821
1902	0,60	193,5	7,2	116,1	0,828
1903	0,58	187,1	7,0	112,8	0,839
1904	0,60	193,5	7,3	117,7	0,848
1905	0,65	209,8	7,7	124,1	0,855
1906	0,61	196,8	7,0	112,8	0,885
1907	0,63	203,2	6,6	106,5	0,849
1908	0,81	261,3	8,1	130,6	0,820
1909	0,83	267,8	8,4	135,5	0,833
1910	0,80	258,0	8,2	132,2	0,854
1911	0,80	258,0	8,2	132,2	0,868
Durchschnitt 1887—1889	0,31	100,0	6,2	100,0	0,995
Durchschnitt 1898—1900	0,47	151,6	6,1	98,4	0,866
Durchschnitt 1909—1911	0,81	261,3	8,3	133,8	0,852

wodurch die zur Herstellung der Produktion erforderliche Arbeiterzahl vergrößert und auch bei gleichem Bestand, besonders aber bei zunehmenden Löhnen die Lohnsumme erhöht werden mußte. Als Wirkung dieser Verhältnisse ergibt sich beispielsweise für den Oberbergamtsbezirk Dortmund nach *M. Saitzew*,[37]) daß die Versicherungskosten pro Tonne Kohle im Lauf der 25 Jahre 1887/1911 sich nahezu verdreifachten, sie stiegen rascher als die Kohlenpreise und beanspruchen zurzeit über 8% des Kohlenpreises (siehe S. 56).

Ein ähnliches Resultat erhellt für eine Reihe Einzelbetriebe aus nachstehender Übersicht bezüglich des Allgemeinen Knappschaftsvereins in Bochum sowie aus einer weiteren Zusammenstellung, wo die Versicherungskosten (etwa $^2/_3$ davon treffen auf die Unternehmer, $^1/_3$ auf die Arbeiter) ins Verhältnis zu den Selbstkosten und zum Verkaufserlös gesetzt sind:

Tabelle XVIII.

Belastung des Allgemeinen Knappschaftsvereins in Bochum durch die soziale Versicherung.[1])

Jahr	Aufwendungen für die soziale Zwangsversicherung			
	auf 1 t Förderung	auf ein Mitglied des		% vom Wert der Förderung
		Knappschafts-vereins	darunter Arbeiterbeitrag	
	ℳ	ℳ	ℳ	
1860	0,19	30,06	15,98	2,94
1870	0,13	30,27	18,87	2,31
1880	0,19	55,11	27,43	4,21
1890	0,34	94,51	39,30	4,32
1900	0,51	130,39	60,87	6,03
1901	0,59	135,80	60,32	6,73
1902	0,60	140,34	61,58	7,13
1903	0,58	144,91	62,03	7,04
1904	0,60	146,35	62,48	7,23
1905	0,65	157,93	67,07	7,76
1906	0,61	164,72	70,79	7,02
1907	0,63	164,52	71,11	6,67
1908	0,81	195,54	79,86	8,07
1909	0,83	196,27	77,24	8,31
1910	0,80	198,22	78,53	8,20
1911	0,80	203,92	80,19	8,20
1912	.	211,74	85,25	.

[1]) Nach *Jüngst* a. a. O.

So sehr die Kosten für Versicherung im Unternehmerbudget gegen früher in die Höhe gegangen sein mögen, so ist doch nicht an-

[37]) *Dr. M. Saitzew*, Steinkohlenpreise und Dampfkraftkosten. Schriften des Vereins für Sozialpolitik Bd. 143 Teil II Leipzig 1914 S. 226 ff.

Tabelle XIX.

Belastung durch die Sozialversicherung im Verhältnis zu den Selbstkosten und zum Verkaufserlös.[1])

Jahr	Gelsenkirchen				Aplerbecker Aktienverein				Concordia				König Ludwig				Bochumer Bergwerks-A.-G.			
	Selbstkosten	Verkaufserlös	Verhältnis der sozialen Aufwendungen zu		Selbstkosten	Verkaufserlös	Verhältnis der sozialen Aufwendungen zu		Selbstkosten	Verkaufserlös	Verhältnis der sozialen Aufwendungen zu		Selbstkosten	Verkaufserlös	Verhältnis der sozialen Aufwendungen zu		Selbstkosten	Verkaufserlös	Verhältnis der sozialen Aufwendungen zu	
	auf 1 t Förderung		Selbstkosten	Verkaufserlös	auf 1 t Förderung		Selbstkosten	Verkaufserlös	auf 1 t Förderung		Selbstkosten	Verkaufserlös	auf 1 t Förderung		Selbstkosten	Verkaufserlös	auf 1 t Förderung		Selbstkosten	Verkaufserlös
	M.		%		M.		%		M.		%		M.		%		M.		%	
1890	5,77	9,52	3,85	2,33	.	.	.	.	6,89	10,62	4,34	2,82	6,66	10,93	6,28	3,82	.	.	.	.
1900	7,13	10,39	6,89	4,73	8,58	9,41	7,21	6,58	7,31	10,22	6,39	4,57	9,17	11,80	6,35	4,93	8,76	10,30	7,29	6,20
1905	7,44	9,66	8,55	6,58	7,96	9,18	8,14	7,06	8,34	9,48	7,40	6,51	9,41	10,25	7,70	7,07	8,83	9,37	9,30	8,76
1906	7,60	10,22	8,18	6,09	8,58	9,67	7,67	6,80	7,96	10,08	7,34	5,79	9,25	10,83	7,31	6,24	8,38	9,91	9,18	7,76
1907	.	.	.	.	9,25	10,40	7,42	6,60	8,72	10,93	6,80	5,43	10,16	12,23	7,05	5,85	9,06	11,09	7,45	6,09
1908	.	.	.	.	9,58	10,68	8,79	7,88	9,33	11,15	8,59	7,18	10,99	11,79	8,48	7,91	9,79	11,29	9,39	8,14
1909	.	.	.	.	9,12	10,30	9,52	8,43	8,61	10,63	9,20	7,45	10,31	10,96	9,18	8,63	9,49	10,46	9,66	8,77
1910	.	.	.	.	9,18	10,30	9,74	8,68	8,37	10,56	8,58	6,80	10,00	10,69	8,55	8,00	9,12	10,50	9,97	8,66
1911	.	.	.	.	.	.	.	.	8,22	10,23	8,37	6,73	9,70	10,74	8,30	7,50	8,69	10,50	9,64	7,98

[1]) *Jüngst,* Die Leistungen des Ruhrbergbaus auf dem Gebiete der sozialen Zwangsversicherung a. a. O. S. 328.

zunehmen, daß die Unternehmer die Versicherungsprämien vollständig aus dem Geschäftsgewinn oder aus anderem Vermögen zahlen. Vielmehr wird ein Teil durch Verbesserung der Produktion, Steigerung des Umsatzes vielfach eingespart worden sein. Freilich der gewerbliche und kaufmännische Mittelstand kann sich in dieser Beziehung nicht so wie der Großbetrieb helfen, er hat auch wohl durch die Konkurrenz des Großbetriebs mehr als durch die Versicherung zu leiden. Anderseits dürfte eine Überwälzung — wenigstens teilweise — durch Erhöhung der Preise,[38]) der Rohstoffe und Halbfabrikate und eine Weiterwälzung auf die Preise der fertigen Erzeugnisse, auf die Gesamtheit der Konsumenten, auch auf den Inlandabsatz unter dem Schutz der Kontrolle und Zölle stattgefunden haben. In welchem Maß dies tatsächlich der Fall, ist statistisch schwer zu erfassen, weil auf die Bewegung der Preise viele Faktoren einwirken, die sich in ihrer Wirkung im einzelnen nicht ausscheiden lassen; immerhin darf vermutet werden, daß auf die meisten Betriebe die starke Steigerung verschiedener direkter und indirekter Steuern sowie Zölle noch mehr eingewirkt haben, als die Sozialversicherung.[39])

Endlich haben aber die Arbeitgeber von der Versicherung und ihren hierfür gemachten Aufwendungen direkte Gegenleistungen und indirekte Vorteile, die man nicht außer acht lassen darf.

B.

Die Vorteile, die mit den Versicherungsausgaben der Unternehmer für diese verbunden sind, sind materieller wie ideeller Art.

Für den mittleren und den Kleinunternehmer sind die Arbeiterversicherungsausgaben nichts anderes als seine Selbstversicherung und die Versicherung seiner Angehörigen, die so die gleichen Wohltaten wie die Arbeitnehmer genießen.

Es sind nämlich ganze Kategorien von Unternehmern selbst versicherungspflichtig teils auf Grund des Gesetzes, teils auf Grund der Satzung des Versicherungsträgers. Vgl. RVO. §§ 176 Ziff. 3 (Krankenversicherung), 548, 550, 551 (GewUnfVers.), 925, 926, 927, 928, 1034 (LandwUnfVers.), 1058—1062 (SeeUnfVers.), 1243 (Invalid.- und Hinterbliebenenvers.). Besonders ausgedehnt ist die Unfallversicherung landwirtschaftlicher Unternehmer (nebst Familie). Es darf nämlich die Satzung der landwirtschaftlichen Berufsgenossenschaft diese Versicherungspflicht einführen (z. B. in Westfalen), und auch ohne solche Satzungsbestimmungen darf der Unternehmer unter gewissen

---

[38]) Wie die Arbeiten von *Lenz* (Preußische Jahrbücher a. a. O.) und *Branchart* (Belastung der deutschen Industrie durch die Arbeiterversicherung, Zeitschrift für die gesamte Versicherungs-Wissenschaft 1914 S. 483) nachweisen, steht vielfach der Steigerung der Produktionskosten durch die Arbeiterversicherung eine wesentliche Erhöhung der Verkaufspreise gegenüber.

[39]) *H. Potthoff*, Die Kosten der sozialen Versicherung und ihre Überwälzung a. a. O. S. 112.

Voraussetzungen freiwillig der Unfallversicherung beitreten. Daneben sind noch im Wege der zugelassenen Landesgesetzgebung gleichmäßig für ganze Bundesstaaten die Unternehmer nebst Familie für versicherungspflichtig erklärt. Solche Landesgesetze sind ergangen in Bayern, Sachsen, Württemberg, Baden, Hessen sowie in einigen Kleinstaaten, im allgemeinen in Staaten mit vorherrschendem ländlichen Mittel- und Kleingrundbesitz. Die Versicherten der landwirtschaftlichen Berufsgenossenschaften setzen sich in diesen Reichsgebieten mit starker Bauernschaft zum weit überwiegenden Teil aus der Familie der Betriebsunternehmer (Betriebsunternehmer, Ehefrau und sonstige Familienangehörige) zusammen. Die Unternehmer und ihre Angehörigen sind da auch an den vorkommenden Unfällen stark beteiligt und ihnen fließen wiederum die Entschädigungen in der Hauptsache zu. Beispielsweise betrug im Jahre 1912 die Zahl der Unfälle der acht landwirtschaftlichen Berufsgenossenschaften Bayerns 15015, von ihnen betrafen 10797 die Unternehmer nebst Familie, 4218 die Arbeiter und Dienstboten. Also 71,91% Unfälle der Unternehmer nebst Familie, nur 28,09 sonstige! Im ähnlichen Verhältnis (zu ca. 73%) fallen hier auch die Entschädigungen auf die landwirtschaftlichen Betriebsunternehmer und ihre Angehörigen. So trafen im Jahre 1912 von 11145 anerkannten Entschädigungsansprüchen der bayerischen land- und forstwirtschaftlichen Berufsgenossenschaften auf die Unternehmer nebst Familie 8138 (73,02%), auf die Dienstboten und Arbeiter 3007 (26,98%).[40])

Diese Bedeutung, welche hier die Arbeiterversicherung als Selbstversicherung hat, wird in der weiteren Zukunft noch größer werden, denn in der deutschen Landwirtschaft sind starke Entwicklungstendenzen zugunsten des Bauernguts, des Klein- und Mittelbetriebsunternehmens mit seiner intensiven Familienwirtschaft vorhanden, wie die landwirtschaftliche Betriebsstatistik für die Zeit 1892/1907 ergibt.[41])

Wichtig ist ferner, daß die kleinen Unternehmer in Handel, Gewerbe und Landwirtschaft, die früher zwangsversichert waren, bei ihrem Eintritt in die Selbständigkeit die seitherige Versicherung freiwillig fortsetzen können, ebenso können die Kleinunternehmer, die bisher nicht zwangsversichert waren, noch nicht das 40. Lebensjahr vollendet haben und keinen oder nicht mehr als 2 Versicherungspflichtige beschäftigen, eine Selbstversicherung bei der Invaliden- und Hinterbliebenenversicherung nehmen. Die Leistungen derselben sind außerordentlich vielseitig und im Vergleich zu den niedrigen Beträgen, die zu entrichten sind, so hoch, daß keine Privatversicherung bei gleichen Beiträgen so große Leistungen gewähren kann. Auch ist den Bedürfnissen des Mittel-

---

[40]) Zeitschrift des Bayer. Statist. Landesamts 1914 S. 495.

[41]) *F. Zahn*, Deutschlands wirtschaftliche Entwicklung, J. Schweitzer Verlag, München 1911 S. 81 ff.

standes noch durch die von der Reichsversicherungsordnung neu eingeführte freiwillige Zusatzversicherung Rechnung getragen. Diese bietet die Möglichkeit, durch Verwendung von Zusatzmarken neben dem Anspruch auf Invalidenrente Anspruch auf eine Zusatzrente für den Fall der Invalidität, also höhere Renten sich zu sichern.

Ein besonderer Vorzug des jetzigen Systems ist, daß die Arbeitgeber in weitem Umfang von einer Haftpflicht frei sind, die für sie gegenüber ihren erkrankten oder verunglückten Arbeitern nach dem Bürgerlichen Gesetzbuch begründet gewesen wäre, sie ist bei der strengen Auslegung der Haftpflichtbestimmungen durch ordentliche Gerichte eine gefahrvolle Verantwortung und würde gegebenenfalls ganz andere Geldopfer von ihnen fordern als die Arbeiterversicherung ihnen auferlegt. Die Entlastung der Betriebsunternehmer von diesen Schadenersatz- und Haftpflichten war ja auch seinerzeit für die Unternehmer ein Hauptmotiv zur zwangsweisen Unfallversicherung. Durch die jetzige solidarische Unfallversicherung ist der einzelne Arbeitgeber davor bewahrt, bei vorkommenden schweren Unfällen glatt zusammenzubrechen, dies ist namentlich für den kleinen Unternehmer wichtig, da für ihn die Haftpflichtversicherung ziemlich teuer ist. Die jetzige Entlastung von der Haftpflicht ist die Gegenleistung dafür, daß die Unternehmer allein die Kosten für die Durchführung der Unfallversicherung zu tragen haben; ihre Prämien, die sie zur Deckung des schweren Risikos bestreiten, haben ähnlich wie die Feuerversicherungsprämien den Charakter von Geschäftsunkosten.

Sodann erspart die Sozialversicherung den Arbeitgebern Gehälter und Privatfürsorgekosten für die in ihrem Dienst erkrankten oder invalid gewordenen Arbeiter und Angestellten. Sie haben auch weniger als früher Veranlassung, alternde arbeitsunfähige Arbeiter in Hinblick auf ihre langjährigen Dienste gegen ihren bisherigen Lohn weiter zu beschäftigen. Die Verjüngung des Personals ist ihnen dadurch erleichtert. Da zugleich für alle Arbeitgeber ein Minimum von Arbeiterfürsorge einheitlich vom Gesetz vorgeschrieben ist, braucht der aufs Wohl seiner Arbeiter bedachte Arbeitgeber nicht zu fürchten, daß sein inländischer Konkurrent durch geringere Fürsorge billiger zu produzieren imstande ist.

Des weiteren kommt dem Unternehmertum zu statten der durch die Arbeiterversicherung mittelbar und unmittelbar gehobene Arbeiterstand mit seinem höheren materiellen, hygienischen, sozialen und intellektuellen Niveau. Dies bestätigen auch die Ergebnisse einer Rundfrage, die der englische Schatzkanzler *D. Lloyd George* bei deutschen Industriellen vor Einführung der englischen Arbeiterversicherung veranstaltete. Bezeichnend sind folgende Antworten: [42])

[42]) *H. A. Walter*, London, Die neuere englische Sozialpolitik. Mit einem Geleitwort des englischen Schatzkanzlers D. Lloyd George, München und Berlin 1914 S. 139/140.

„Der Beweis, daß die Versicherungsgesetze von finanziellem Nutzen für die Arbeitgeber sind, liegt in der Tatsache, daß der Arbeitgeber daran interessiert ist, eine gesunde und leistungsfähige Arbeiterschaft zur Verfügung zu haben" (Werkzeugmaschinen- und Munitionsfabrik mit 1500 Arbeitern). „Die Arbeitgeber gewinnen direkt und in beträchtlichem Umfang durch die Schaffung und Erhaltung einer produktiveren und leistungsfähigeren Arbeiterschaft" (Elektrizitäts- und Maschinenbaugesellschaft). „Es muß anerkannt werden, daß eine gesunde Arbeiterschaft für die Industrie weit nützlicher ist als eine physisch geschwächte" (Elektrizitätsindustrie). „Vom Standpunkt des Arbeitgebers aus machen sich diese Gesetze bezahlt dadurch, daß die Leistungsfähigkeit der Arbeiter sich erhöht" (Chemische Fabrik mit 7500 Arbeitern).

Der Arbeiter ist jetzt sowohl fähig wie auch — gemäß der ihm innewohnenden höheren Arbeitsfreude — bereit zu höheren Leistungen physischer und geistiger Art. Tatsächlich erwies sich die deutsche Arbeiterschaft imstande, die schwierigen und umfassenden Aufgaben im modernen Produktionsprozeß zu bewältigen, und hat so wesentlich den neuzeitlichen, wirtschaftlichen Aufschwung mitermöglicht. Ohne die von der Arbeiterversicherung namhaft geförderte Hebung des allgemeinen Niveaus unserer Arbeiterschaft wäre der Aufschwung schwerlich so rasch, als wir ihn wirklich erlebten, vor sich gegangen.

Diese gehobene Arbeiterschaft beeinflußte mit ihrer höheren Konsum- und Kaufkraft zugleich vorteilhaft den sicheren heimischen Absatzmarkt für Landwirtschaft und Industrie. Die Versicherungsrenten halten eine gewisse Kaufkraft weiterer Schichten aufrecht, die sonst ihren Verbrauch aufs äußerste einschränken müßten. Insofern ist die Wirkung der Sozialversicherung auch auf wirtschaftliche Krisen nicht unwichtig. Während früher bei solchen Katastrophen — sagt *A. Pohlmann* („Tag" vom 8. August 1912) sehr zutreffend — für weite Kreise von Unbemittelten jede Einnahmequelle und somit auch jede Kaufkraft versiegte, fließt jetzt der ruhige Strom der Unterstützungsgelder weiter wie aus einem großen Reservoir ganz ähnlich wie aus einem Staubecken in Zeiten der Dürre das lebenerhaltende Wasser über die dürstenden Felder geleitet werden kann, um totalen Mißwachs zu verhindern. Dadurch werden wirtschaftliche Krisen leichter überwunden als wenn man die untersten Konsumentenschichten einfach ihrem Schicksal überläßt.

Wie die Renten, so sind auch die Kapitalien der Versicherung dem Erwerbsleben nicht etwa entzogen, sondern ihm in weitem Umfang förderlich. Die Reserven der Versicherung werden beispielsweise als Hypotheken dem Baugewerbe zur Verfügung gestellt oder ermöglichen als städtische und staatliche Darlehen (Wertpapiere) den öffentlichen Körperschaften die Erteilung von Aufträgen. Dies beweist näher die Art der erfolgten Anlage des Vermögens der sozialen Versicherung im Jahre 1910:[43])

	Millionen ℳ				
	Invalidenversicherung	Unfallversicherung	Krankenversicherung	Knappschaftskassen	Soziale Versicherung überhaupt
Vermögen	1 662	351	268	325	2 606
davon angelegt in:					
Grundbesitz	85	10	24	10	129
Bodenleihe	416	37	37	60	550
Wertpapieren und öffentlichen Darlehen	1 121	270	157	235	1 783
Banken, Sparkassen, bar, Wechsel	40	34	50	20	144

Von den Mitteln der Reichsversicherungsanstalt für Angestellte wurden im Jahre 1913 angelegt in

	Mill. ℳ
Bodenleihe	
auf landwirtschaftliche Grundstücke	3,1
sonstige	27,8
Wertpapieren und öffentlichen Darlehen	88,0

Auch schweben Verhandlungen zwischen den zuständigen Stellen, um entsprechend der Reichsversicherungsordnung die Reservefonds der Berufsgenossenschaften für den genossenschaftlichen Personalkredit der Mitglieder der Berufsgenossenschaften, namentlich für das Handwerk und andere Kleingewerbetreibende nutzbar zu machen. Die Krankenkassen wurden bereits in Bayern ermächtigt, ihre zeitweilig verfügbaren Bestände bei einer Genossenschaft anzulegen, die der bayer. Landesgewerbebank oder der bayer. Zentraldarlehenskasse angeschlossen ist; Bedingung ist, daß im Betrage der Höchstsumme, die das Guthaben der Krankenkasse bei der Kreditgenossenschaft erreichen kann, die Gewerbebank bzw. Zentraldarlehenskasse Bürgschaft leistet.[44])

Übrigens waren die Versicherungslasten selber mit ein Anlaß zur Hebung unserer heimischen Produktion. Die Unternehmer suchten, wie bereits angedeutet, die erhöhten Gestehungskosten durch verbesserten Betrieb, durch technische Fortschritte wettzumachen, so daß mittels weniger Arbeiter und besserer Betriebseinrichtungen die gleiche Qualität und Quantität wie zuvor oder mit

[43]) Vgl. *H. Potthoff*, Untersuchungen über das Versicherungswesen in den Schriften des Vereins für Sozialpolitik Bd. 137 4. Teil S. 353. — *H. Hilbert*, Die deutsche soziale Gesetzgebung und der Geld- und Kapitalmarkt. Conrads Jahrbuch für Nationalökonomie 1913 S. 201 ff.

[44]) Entschließung des Bayer. Staatsministeriums des Innern vom 12. August 1914. Bayer. Staatszeitung 18. August 1914.

ebenso vielen Arbeitern wie früher und vollkommeneren Betriebsmitteln mehr und Besseres geleistet wird. Wenn sie dabei die Technik auch zum Besten der Arbeiterschaft günstiger gestalten, indem sie für eine größere Unfallsicherheit des Betriebes und eine bessere persönliche Ausrüstung ihrer Arbeiterschaft (z. B. mit Arbeitskleidern, Respiratoren, Schutzbrillen) sorgten, so leitete sie hier zuvörderst das eigene wohlverstandene Interesse an einer arbeitsfreudigen, leistungsfähigen Arbeiterschaft. „Um die höchste Leistungsfähigkeit und die besten Arbeiter zu erzielen" sagt beispielsweise die Firma M. Löwe & Co. (Berlin), „hängt eine Fabrik von ihren Arbeitern mehr ab als von irgendeinem anderen Faktor. Wir glauben nicht, daß schlechte Umgebung in den Werkstätten dazu dienen kann, die besten und gesuchtesten Arbeiter zu halten. Folglich tun wir alles mögliche, was zur Gesundheit, zum Wohlbefinden der Angestellten beitragen kann."

Diese Erkenntnis ist der Unternehmerschaft gerade durch die ersprießliche Wirksamkeit der von der Sozialgesetzgebung ins Leben gerufenen Einrichtungen zum Bewußtsein gekommen. Besonders erzieherisch wirkte in diesem Sinne die Fürsorgetätigkeit der Berufsgenossenschaften. Sie sind bestrebt, in erster Linie die besten Methoden herauszufinden, um Leben und Gesundheit der Arbeiter zu schützen, sie vor Unfällen ganz zu bewahren; soweit dies nicht zu erreichen ist, suchen sie durch ein sachgemäßes Heilverfahren möglichst schnell die Erwerbsfähigkeit wieder herzustellen und in den übrigbleibenden Fällen für den unvermeidlichen, anders nicht zu behebenden Unfallschaden einen Ausgleich in Geld zu geben. Dieses Verfahren führt immer näher zu dem vom humanen und finanziellen Standpunkt aus so begrüßenswerten Erfolg, daß bei geringeren Entschädigungsleistungen ein erhöhter Schutz für Leben und Gesundheit der Versicherten geschaffen wird.

Demgemäß dehnten zahlreiche Arbeitgeber ihre Arbeiterfürsorge noch weit über die gesetzlichen Aufwendungen aus. Sie unterwarfen sich selbst gewollten sozialen Lasten zugunsten ihrer Arbeiter in der Überzeugung, daß derartige Wohlfahrtseinrichtungen das für alle Teile so förderliche und befriedigende Gefühl der Zusammengehörigkeit von Arbeitgeber und Arbeitnehmer wesentlich stärken und sich bezahlt machen durch Gewinnung eines intelligenten, treuen Arbeiterstandes, der dadurch zugleich die Leistungsfähigkeit des Betriebs gewährleistet. Als solche freiwillige Wohlfahrtseinrichtungen kommen beispielsweise vor: Arbeiterwohnungen sowie Erleichterungen des Arbeitgebers zur Anschaffung von Wohnungseinrichtungen und Haushaltungsgegenständen für Arbeiter, Krankenhäuser, Genesungs- und Erholungsheime, Säuglingsfürsorge- und Mutterberatungsstellen, Wöchnerinnenheime, Krippenanstalten, Kinderschulen, Haushaltungsschulen, Näh-, Strick-, Kochschulen, religiöse Veranstaltungen, Beamten- und Arbeiterspeisehäuser, Bäder, Spielplätze, Gartenanlagen, Förderung von Musik und Theater, Bibliotheken, Konsumanstalten (namentlich auch zur Erleichterung der Kartoffel-, Fleisch- und Fischversorgung nach dem Grundsatz Qui bene nutrit, bene curat), Überlassung von Ackerland, Unterstützungskassen aller Art, Sparkassen, Gratifikationen, Gewinnbeteiligung, Urlaub usw. Mehrfach unterstehen die sämtlichen Wohlfahrtseinrichtungen der Selbstverwaltung der Werkangehörigen durch frei zu wählende Ausschüsse von Beamten, Arbeitern und Arbeiterinnen und sind von der Fabrikleitung zur Erledigung und Kontrolle der Wohlfahrtsarbeiten besondere Spezialsekretäre und Fabrikpflegerinnen bestellt.[45])

Die Kosten, die für die freiwillige Wohlfahrtspflege von Unternehmern aufgewendet werden, sind keineswegs unbedeutend. Die Gute-Hoffnunghütte[46]) (Oberhausen) verausgabte

	für freiwillige Wohlfahrtspflege	für gesetzliche Wohlfahrtspflege	pro Kopf des Personals freiwillig	pro Kopf des Personals gesetzlich
	ℳ	ℳ	ℳ	ℳ
1888/89	21 510	250 841	2,47	28,47
1898/99	100 995	546 023	7,72	41,75
1911/12	584 776	2 384 513	23,16	94,43

[45]) Ein Beispiel weitgehender Arbeiterfürsorge bieten die Wohlfahrtseinrichtungen der Firma Cornelius Heyl in Worms, die ein Gesamtpersonal von 5127 Personen beschäftigt. Es besteht dort neben der allgemeinen Betriebskrankenkasse eine freiwillige Krankenkasse, die ihren Mitgliedern ein Krankengeld von täglich 60 Pfg. bis zu 1,25 ℳ und ein Sterbegeld von 15 ℳ bis 25 ℳ gewährt. Seit dem Jahre 1858 gewährt die Firma ihren arbeitsunfähig gewordenen Angehörigen Pensionen. Die Pensionsfähigkeit der Arbeiter beginnt nach mindestens zehnjähriger Dienstzeit und erstreckt sich auch auf ihre Witwen. Für außergewöhnliche Unglücksfälle und für unverschuldet eintretende Notlage sowie für die zu militärischen Übungen einberufenen Arbeiter sind bestimmte Unterstützungsfonds gegründet worden, aus denen je nach Lage des einzelnen Falls größere oder kleinere Beträge gewährt zu werden pflegen. Eine besonders eigenartige, in der Produktion (Herstellung von Lack-, Wichsleder u. dgl.) begründete Einrichtung bildet das sogenannte „Wartegeld“. Die Gleichmäßigkeit der Arbeitsverhältnisse wird auch wesentlich von der Witterung beeinflußt. In sonnenarmen Wochen stockt die Arbeit, da das mit Lack frisch überzogene Leder zum Trocknen des Sonnenlichts bedarf. Die Firma gewährt den infolgedessen zeitweilig außer Dienst gestellten Arbeitern feste Beträge während dieser Zeit, täglich 1,25 ℳ bis 1,50 ℳ für weibliche, 1,50 ℳ bis 3 ℳ für unverheiratete und 3,50 ℳ für verheiratete männliche Arbeiter. Diese Bezüge werden bei Wiederaufnahme der Arbeit nicht auf den alsdann verdienten Lohn angerechnet. Außerdem widmet die Firma ihr Augenmerk der Wohnungsfürsorge, der Wöchnerinnen- und Säuglingspflege, ferner unterstützt sie Warenverkaufsstellen und Speiseanstalten. Vgl. Monatsblätter für Arbeiterversicherung VII. Jahrgang Nr. 2 vom 15. Februar 1913 S. 27 ff. — Über die Wohlfahrtseinrichtungen der Firma Friedrich Krupp vgl. Jubiläumsschrift „Krupp 1812—1912“ S. 385 ff.

[46]) *Brandt-Most* Heimats- und Wirtschaftskunde für Rheinland und Westfalen. Essen 1914 Bd. I S. 191.

Häufig sind die freiwilligen sozialen Lasten noch weit größer als die gesetzlichen Versicherungsausgaben. So betrugen im Jahre 1912 bei den Farbenfabriken vorm. Friedrich Bayer & Co. in Leverkusen und Elberfeld die Ausgaben für die gesetzliche Versicherung der Werksangehörigen 271 000 ℳ, die Aufwendungen für die freiwillige Wohlfahrtspflege fast das 10fache davon, nämlich 2 203 000 ℳ.

Wie sich diese Wohlfahrtstätigkeit in Deutschlands Gewerbe, Handel und Industrie[47]) in den letzten Dezennien entwickelt hat, besagt nachstehende Übersicht über freiwillige bzw. außergesetzliche [48]) Zuwendungen für Arbeiter- und Volkswohlfahrt.

Gruppe	1883[1]) ℳ	1890 ℳ	1900[2]) ℳ	1905 ℳ	1912[3]) ℳ
Pensions- und Unterstützungsfonds-Stiftungen für Angestellte und Arbeiter	2 262 920	2 980 747	14 890 595	17 026 579	49 348 290
Arbeiterwohlfahrtszwecke, nicht spezialisiert	—	38 000	2 355 932	38 244 873	19 603 861
Kranken-, Verwundeten- u. Genesenenfürsorge, Wöchnerinnenpflege .	5 000	59 000	2 638 983	4 864 240	17 393 058
Wohnungsfürsorge . .	—	360 734	2 313 608	956 185	18 188 229
Sonstige Wohlfahrtsleistungen	105 500	2 136 010	38 343 015	55 130 852	60 495 198
Summa	2 373 420	5 574 491	60 542 133	116 222 729	165 028 636

[1]) Die Angaben für 1883—1905 sind der in der Zeitschrift „Der Arbeiterfreund“ alljährlich von Peter Schmidt veröffentlichten „Ehrentafel“ entnommen.
[2]) Von 1889 ab wurden planmäßig die Aktiengesellschaften berücksichtigt.
[3]) Für 1912 sind nur Beträge von 10 000 ℳ an berücksichtigt.

Auch die Tatsache, daß selbständige Betriebs- und Baukrankenkassen von Unternehmern zum Teil freiwillig errichtet wurden, verdient hier Erwähnung. Bekanntlich müssen sie für deren Finanzierung nötigenfalls mit — allerdings erstattungsfähigen — Vorschüssen aus eigenen Mitteln einstehen, wenn die Bestände der betreffenden Krankenkasse nicht ausreichen, um ihre laufenden Ausgaben zu decken. Während der Jahre 1885 bis 1912 haben die Vorschüsse bei den Betriebs-Krankenkassen insgesamt 3,38 Mill. ℳ, bei den Baukrankenkassen 253 128 ℳ und die Rückzahlung darauf 2,82

[47]) Vgl. die freiwilligen sozialen Fürsorge- und Wohlfahrtseinrichtungen in Gewerbe, Handel und Industrie; anläßlich des 25 jährigen Regierungsjubiläums Seiner Majestät Wilhelm II., Deutschen Kaisers, Königs von Preußen, herausgegeben vom Hansabund für Gewerbe, Handel und Industrie, Halle a. S. 1913.

[48]) Darunter befinden sich auch staatliche und gemeindliche Wohlfahrtsaufwendungen. Die staatlichen Aufwendungen haben im Jahre 1911 59 716 765 Mk. nach den Ermittlungen des Hansabundes betragen.

Mill. *M* bzw. 130 445 *M* betragen; es belief sich also Ende 1912 der Vorschuß vom Fabrik- und Bauherrn noch auf 563 306 bzw. 122 683 *M*.

Aus dem vorgeschilderten Verhalten der Unternehmerschaft geht bereits hervor, daß die Lasten der Arbeiterversicherung bisher für sie erträglich waren. Daß auch in den Kreisen der mittleren und Kleinunternehmer die Höhen der Versicherungskosten, insbesondere der Unfallversicherungskosten im allgemeinen nicht zu Härten führen und sie an den Schwierigkeiten des Wettbewerbs, unter denen der gewerbliche und kaufmännische Mittelstand zu kämpfen haben, nur unwesentlich beteiligt sind, erhellt deutlich aus den Arbeiten von *Potthoff* und von *Branchart.*[49]) Diese Erträglichkeit der Versicherungslast auf den Schultern der Unternehmer ist selbstverständliches Erfordernis. Denn bei aller Sozialpolitik darf die Tragfähigkeit der zur Belastung kommenden Schultern nicht außer acht gelassen werden, es darf keine Überlastung der treibenden Kräfte unserer Volkswirtschaft eintreten, sonst erlahmt das Unternehmertum in seiner Initiative, verringert sich für die Arbeiter die Möglichkeit lohnender Beschäftigung, die doch Vorbedingung für den sozialen Fortschritt ist, und hört die Sozialpolitik bei Überspannung auf, gemeinwirtschaftlich, sozial günstig zu wirken.

Diese Rücksicht, welche die mit Versicherungsbeiträgen zu besteuernden Produktivkräfte möglichst schont, suchte der deutsche Gesetzgeber von Anfang ab zur Geltung zu bringen und sie wurde beim weiteren Ausbau der sozialen Gesetzgebung unter dem gegenwärtigen Kaiser Wilhelm II. strenge beobachtet, er selbst betonte in einem Erlaß vom 4. Februar 1890 an den Reichskanzler ausdrücklich: „Ich bin fest entschlossen, zur Verbesserung der Lage der deutschen Arbeiter die Hand zu bieten, soweit die Grenzen es gestatten, welche meiner Fürsorge durch die Notwendigkeit gezogen werden, der deutschen Industrie auf dem Weltmarkt Konkurrenzfähigkeit zu erhalten und dadurch ihre und der Arbeiter Existenz zu sichern. Der Rückgang der heimischen Betriebe durch Verlust ihres Absatzes im Ausland würde nicht nur die Unternehmer, sondern auch ihre Arbeiter brotlos machen . . .“

Mit welchem Erfolg diese Rücksichtnahme gelang, beweist der Aufschwung, den gerade Deutschlands Gewerbe und Industrie, Handel und Verkehr, die am meisten von der Arbeiterversicherung berührt sind, seit den 80er Jahren genommen hat.[50]) Diese Entwicklung schuf reiche Erwerbsgelegenheit für die

[49]) *H. Potthoff*, Die Kosten der sozialen Versicherung und ihre Überwälzung. Assekuranz-Jahrbuch 1913 S. 98 ff. — *Branchart*, Zur Frage der deutschen Verelendung durch die Arbeiterversicherung. Zeitschrift für die gesamte Versicherungswissenschaft 1914 S. 475 ff.

[50]) *F. Zahn*, „Deutschlands wirtschaftliche Entwicklung“, München 1911. — *A. Manes*, Deutschlands wirtschaftlicher Aufschwung und Arbeiterversicherung. Assekuranz-Jahrbuch 1913 S. 97 ff.

Tab. XX. **Entwicklung der gewerblichen Betriebe 1882—1907.**

Gewerbeabteilung		Zahl der gewerblichen Klein- Betriebe	Mittel- Betriebe	Groß- Betriebe
Gewerbe überhaupt[1])	1907	3 124 198	267 430	32 007
	1895	2 934 723	191 301	18 953
	1882	2 882 768	112 715	9 974
A. Gärtnerei, Tierzucht u. Fischerei	1907	49 200	3 970	146
	1895	39 698	2 571	52
	1882	30 673	1 183	30
B. Industrie einschließl. Bergbau und Baugewerbe	1907	1 870 261	187 074	29 033
	1895	1 989 572	139 459	17 941
	1882	2 175 857	85 001	9 481
C. Handel und Verkehr einschl. Gast- und Schankwirtschaft	1907	1 204 737	76 386	2 828
	1895	905 453	49 271	960
	1882	676 238	26 531	463

Gewerbeabteilung		Gewerbetätige Personen in den Klein- Betrieben	Mittel- Betrieben	Groß- Betrieben
Gewerbe überhaupt[1])	1907	5 353 576	3 644 751	5 350 025
	1895	4 770 669	2 454 333	3 044 267
	1882	4 335 822	1 391 720	1 613 247
A. Gärtnerei, Tierzucht u. Fischerei	1907	96 378	40 820	16 913
	1895	70 091	25 853	7 184
	1882	51 437	11 422	4 559
B. Industrie einschl. Bergbau und Baugewerbe	1907	3 200 282	2 714 664	4 937 927
	1895	3 191 125	1 902 049	2 907 329
	1882	3 270 404	1 109 128	1 554 131
C. Handel und Verkehr einschl. Gast- und Schankwirtschaft	1907	2 056 916	889 267	395 185
	1895	1 509 453	526 431	129 754
	1882	1 013 981	271 170	54 557

[1]) Ohne Musik-, Theater- und Schaustellungsgewerbe.

Tab. XXI. **Deutscher Außenhandel nach Aus- und Einfuhr 1895—1913.**

Jahr	Ausfuhr (einschl. Edelmetallverkehr) Millionen ℳ	Einfuhr (einschl. Edelmetallverkehr) Millionen ℳ	Jahr	Ausfuhr (einschl. Edelmetallverkehr) Millionen ℳ	Einfuhr (einschl. Edelmetallverkehr) Millionen ℳ
1895	3 424,1	4 246,1	1907	7 094,9	9 000,6
1900	4 752,6	6 043,0	1908	6 481,5	8 077,1
1901	4 512,6	5 710,3	1909	6 858,7	8 860,4
1902	4 812,8	5 805,8	1910	7 644,2	9 310,0
1903	5 130,3	6 321,1	1911	8 224,4	10 007,0
1904	5 315,4	6 854,5	1912	9 099,5	11 017,5
1905	5 841,8	7 436,3	1913	10 197,9	11 206,7
1906	6 478,0	8 438,6	*I. Halbjahr 1913*	*4 997,0*	*5 650,2*
			I. Halbjahr 1914	*5 115,9*	*5 606,6*

Deutscher Außenhandel nach Warengruppen 1895—1913.

	1895	1900	1905	1910	1911	1912	1913
	Millionen ℳ						
	Ausfuhr						
Rohstoffe und Halbfabrikate	722,4	1 111,4	1 400,6	1 976,7	2 087,7	2 395,3	2 657,4
Fertig-Fabrikate	2 179,5	2 982,4	3 823,6	4 737,1	5 220,4	5 763,2	6 395,8
Nahrungs- und Genußmittel, Vieh	416,0	517,6	507,4	760,9	798,0	798,3	1 043,3
Edelmetalle	106,2	141,2	110,2	169,5	118,3	142,7	101,4
Ausfuhr zusammen	3 424,1	4 752,6	5 841,8	7 644,2	8 224,4	9 099,5	10 197,9
	Einfuhr						
Rohstoffe und Halbfabrikate	1 805,4	2 803,1	3 457,1	5 231,9	5 420,3	6 080,0	6 242,3
Fertig-Fabrikate	925,5	1 199,7	1 328,0	1 219,3	1 292,7	1 410,9	1 478,8
Nahrungs- und Genußmittel, Vieh	1 389,8	1 762,8	2 343,8	2 482,9	2 992,7	3 200,9	3 049,2
Edelmetalle	125,4	277,4	307,4	375,9	301,3	325,7	436,4
Einfuhr zusammen	4 246,1	6 043,0	7 436,3	9 310,0	10 007,0	11 017,5	11 206,7

Tab. XXII. **Außenhandel der wichtigsten Länder (Aus- und Einfuhr einschl. Edelmetallverkehr) 1886—1912.**

	1886	1896	1900	1905	1910	1911	1912
	Millionen Mark						
Deutschland .	6 287,8	8 551,1	11 088,9	13 547,8	17 614,8	19 153,9	21 256,6
Frankreich . .	7 583,6	7 713,1	9 208,2	9 891,0	13 766,0	14 257,8	14 814,0
Großbritannien u. Irland . .	12 642,5	15 081,2	17 899,9	19 841,4	24 733,0	25 235,5	27 409,5
einschließl. d. wicht. Kolonien	18 434,4	21 986,2	26 940,8	30 963,4	39 952,5	41 511,6	46 281,1
Verein. Staaten v. Amerika .	5 522,8	6 981,7	9 426,6	11 071,6	13 868,1	15 021,4	16 201,9
Gesamter Außenhandel d. wicht. Kulturstaaten . . .	60 845,4	75 490,3	91 807,9	113 100,6	146 853,1	154 335,5	164 670,3
	Prozentanteil am Gesamt-Außenhandel der wichtigeren Kulturstaaten.						
Deutschland .	10,3	11,3	12,1	12,0	12,0	12,4	12,9
Frankreich . .	12,5	10,2	10,0	8,7	9,4	9,2	9,0
Großbritannien u. Irland . .	20,8	20,0	19,5	17,5	16,9	16,4	16,6
einschließl. d. wicht. Kolonien	30,3	29,1	29,4	27,5	27,2	26,9	28,1
Verein. Staaten v. Amerika .	9,1	9,2	10,3	9,8	9,5	9,7	9,9
Gesamter Außenhandel d. wicht. Kulturstaaten . . .	100	100	100	100	100	100	100

inländischen und auch noch für ausländische Arbeitskräfte. Handel und Industrie des Inlandes erzielten im ganzen eine durchaus gesunde Rentabilität. Der Wettbewerb mit dem Ausland gelang derart, daß unsere Industrie sich zu einem hochwertigen Bestandteil der Weltindustrie, unser Handel zur zweitgrößten Stellung auf dem Weltmarkt und im Welthandel sich emporarbeiteten. (Siehe die Tabellen S. 68/69).

Und gerade dieser Aufschwung von Gewerbe und Handel Deutschlands, der mit der Durchführung der Arbeiterversicherung parallel geht, ermöglichte eine solche Hebung unseres Volkswohlstandes, unserer Finanz- und Steuerkraft, daß reiche und immer reichere Mittel zur Pflege und Förderung der einzelnen Kulturaufgaben auf dem Gebiete der geistigen und sittlichen Bildung, der Gesundheitspflege und der Wehrkraft zur Verfügung gestellt werden konnten.

Angesichts dieser Tatsachen kann nicht die Rede davon sein, daß die volkswirtschaftliche Produktivität oder auch nur die privatwirtschaftliche Rentabilität unter dem Druck unserer Sozialversicherung gelitten habe. Die Linien des wirtschaftlichen Aufschwungs und der Durchführung der Versicherung laufen parallel, sie kreuzen sich nicht, wie *Lenz* mit Recht betont. Mag sein, daß die soziale Belastung in einzelnen Fällen die Produktivität und Rentabilität beeinträchtigt; für das Unternehmertum und die Volkswirtschaft im ganzen ist ein solcher Einfluß unserer Sozialversicherung nicht nachweisbar.

Darum verschlägt es vom deutschen Standpunkt aus wenig, wenn die auswärtige Konkurrenz teilweise frei von den Arbeiterversicherungsspesen produziert. Ob das Inland im Vergleich mit dem Ausland sozial vorausbelastet ist, läßt sich überhaupt nicht lediglich mit Bezug auf die Arbeiterversicherung beurteilen; man müßte auch die Arbeiterschutzgesetzgebung, das Arbeitsvertragsrecht, die Armen- und Steuergesetzgebung, das Familienrecht, die Zoll- und Wirtschaftspolitik sowie die Lebensgewohnheiten, die Sitten, die durch die Arbeitergewerkschaften herbeigeführten Tarifverträge oder Gebräuche mitberücksichtigen.[51]) Was aber speziell die Arbeiterversicherung betrifft, so ist — worauf *H. E. Stärker*[52]) mit Recht hinweist — entweder die Leistungsfähigkeit unserer durch die Gesetzgebung gegen Herabdrückung ihres Lebenszuschnitts gesicherten Arbeiterschaft größer als in einem Lande, wo das freie Spiel der Kräfte waltet und nur einige Elitearbeiter ihre Lebenshaltung erhöhen können, während die großen Massen von Stufe zu Stufe herabgedrückt werden und um das gleiche Maß ihrer Leistungsfähigkeit sinken. Oder es sind in Ländern mit gleichfalls fehlender Arbeiterversicherungsgesetzgebung, soweit sie tatsächlich mit der deutschen

[51]) *Heinz-Potthoff*, Die Kosten der Sozialversicherung und ihre Überwälzung a. a. O. S. 98 ff. — *H. Herkner*, Die öffentlichen Lasten der deutschen Industrie. Preußische Jahrbücher Bd. 142 S. 541.

[52]) *H. E. Stärker*, Der Einfluß der Industrie auf die deutsche Arbeiterschutz- und Arbeiterversicherungsgesetzgebung. Münchener Dissertation.

Industrie konkurrieren können, die Löhne höher, so daß der Arbeiter auch ohne gesetzgeberisches Eingreifen eine höhere Lebenshaltung als in Deutschland und damit erhöhte Leistungsfähigkeit erreichen kann. Im übrigen ist die immer weitere Ausbreitung der Sozialversicherung im Auslande der beste Beleg dafür, daß durch die Arbeiterversicherung die Konkurrenzfähigkeit der heimischen Unternehmerschaft keinerlei Schaden leidet.

IV. Wirkung auf den öffentlichen Haushalt.

A.

Das Budget der Gemeinwesen — Reich, Bundesstaaten, Gemeinden und Kommunalverbände — wird in dreifacher Beziehung durch die Sozialversicherung beeinflußt. Die Gemeinwesen tragen als solche zur Deckung der Lasten der Sozialversicherung bei. Sie sind als Arbeitgeber zahlreicher öffentlicher Betriebe ebenso wie die Privatunternehmer durch die Arbeiterversicherung belastet. Sie entfalten auch sonst eine ausgedehnte, unmittelbar und mittelbar durch die Arbeiterversicherung veranlaßte soziale Fürsorge.

Wenn ich sagte, die Gemeinwesen tragen als solche, als Organe der öffentlichen Verwaltung, zur Deckung der Arbeiterversicherungslasten bei, so besteht eine solche Belastung direkt und indirekt.

Was die direkte Belastung anlangt, so tragen die Gemeinwesen vor allem die Kosten der Versicherungsbehörden (Reichs-Versicherungsamt, Landesversicherungsamt, Oberversicherungsämter, Versicherungsämter). Daß es sich dabei um nennenswerte Summen handelt, ergibt schon allein der Etat des Reichs-Versicherungsamts, der sich im Jahre 1914 auf 2,67 Mill. ℳ beziffert. Der bayerische Etat für Arbeiterversicherung beläuft sich in der Budgetperiode 1914/15 auf 622 790 ℳ (reiner Aufwand für das Landesversicherungsamt 112 060 ℳ, für die Oberversicherungsämter 308 000 ℳ und für die landwirtschaftlichen Berufsgenossenschaften 202 730 ℳ). Die Stadt München registriert als Aufwand für die Bearbeitung der Sozialversicherungsangelegenheiten im Jahre 1913: 213 361 ℳ ohne die sächlichen Ausgaben des Versicherungsamts, die nicht mehr ausgeschieden sind, und ohne die Mietanschläge. Ebenso erfordert die Verwaltung der Arbeiterversicherung in den Ministerien der einzelnen Bundesstaaten und der Reichsleitung nicht unbedeutenden persönlichen und sächlichen Aufwand, der freilich für die spezielle Arbeiterversicherung nicht genau ausscheidbar ist. Jedenfalls ist an den Verwaltungsausgaben des Reichsamtes des Innern (1914: 2,1 Mill. ℳ) die Arbeiterversicherung stark beteiligt.

Sodann leistet das Reich bei der Invaliden- und Hinterbliebenenversicherung Zuschüsse zu den Renten (RVO. § 1285); diese Zuschüsse erreichten in der Periode 1891—1912 die Höhe von 748 Mill. ℳ. Sie beziffern sich allein für 1912 auf 55,07 Mill. ℳ, für

1914 auf nicht weniger als 59 Mill. ℳ. Und zwar treffen 55510279 ℳ auf die Invaliden- und Altersrenten, 960000 ℳ auf die Invalidenkrankenrente, 2 591 500 ℳ auf die Hinterbliebenenversicherung — 2 135 500 ℳ auf die Witwen- und Waisenrenten, 10 000 ℳ auf Witwenkrankenrenten, 446 000 ℳ auf einmalige Leistungen —.

Weiterhin haften die Gemeindeverbände[53]) für Defizite der Landkrankenkassen (RVO. § 390), d. h. wenn bei diesen 6% des Grundlohns als Beiträge die Regelleistungen nicht decken. Schon bisher hatten die Gemeinden zur Deckung des Defizits der Gemeindekrankenversicherung durch Vorschüsse einzutreten, die bei nicht genügender Rückzahlung sich in definitive Zuschüsse verwandelten. Diese gemeindlichen Vorschüsse betrugen 1885/1912 26 170 052 ℳ, die daraufhin erfolgten Rückzahlungen 12 199 549 ℳ, so daß Ende 1912 noch ein Vorschuß der Gemeinden von 13 970 503 ℳ bestand. Die Gemeindekrankenkasse München schuldet an die dortige Stadtkasse auf Grund der nur teilweise heimgezahlten Vorschüsse Ende 1913 im ganzen 1 299 645 ℳ.

Bei der Krankenversicherung der unständig Beschäftigten hat der Gemeindeverband die Arbeitgeberbeiträge vorschußweise oder endgültig zu bezahlen (§§ 453, 454). Ebenso muß er bei der Versicherung der Hausgewerbetreibenden, wenn er durch Statut die Kosten selbst übernimmt, sie auch endgültig tragen, falls sie nicht durch Zuschüsse der Auftraggeber gedeckt werden, und kann durch Anordnung der Landesverwaltung zur Übernahme der Kosten veranlaßt werden (§§ 489, 490). Reicht das Vermögen einer aufgelösten oder geschlossenen Ortskrankenkasse nicht aus, um die Ansprüche der Kranken zu befriedigen, so hat der Gemeindeverband für den Fehlbetrag einzustehen (§ 305). — Ferner haben die Gemeindeverbände bei Unfällen solcher, die nicht gegen Krankheit versichert sind, die Krankenhilfe für die ersten 13 Wochen nach dem Unfall zu tragen (RVO. §§ 942, 1087). Desgleichen trifft sie die Gesamtversicherungslast bei Unfällen gelegentlich kleiner Bauarbeiten (§ 798 Ziff. 2). Sodann haftet die Gemeinde für Beiträge bei der landwirtschaftlichen Unfallversicherung (§ 1026), für Prämien bei den Zweiganstalten für die Versicherung längerer Bauarbeiten (§ 811) sowie für die Kosten der Unfallversicherung sog. kurzer Bauarbeiten (§ 825). Sie hat Fürsorge während der Wartezeit in der Seeunfallversicherung zu leisten (§ 1087). — Die Invalidenversicherung kennt eine Haftung desjenigen Gemeindeverbandes, Staates, in dessen Bereich eine Versicherungsanstalt errichtet ist, gegenüber den Gläubigern desselben, soweit das Anstaltsvermögen zur Deckung der Verbindlichkeiten nicht ausreicht (§§ 1402, 1373).

Indirekt sind die Gemeinwesen ebenfalls durch die Sozialversicherung mitbelastet. Die Postverwaltungen haben die Rentenzahlung

---

[53]) *F. Zahn*, Arbeiterversicherung und Gemeinde, Handwörterbuch der Kommunalwissenschaften. Jena 1914 I. Bd. S. 88 ff.

zu vermitteln und teilweise vorzuschießen (RVO. §§ 726ff., 988ff., 1159ff., 1383ff.). Die Gemeinden haben infolge der Armengesetze Hilfsbedürftigen, auch wenn sie versichert sind, im Notfalle sofort beizuspringen, vorbehaltlich ihrer Regreßansprüche an die Einrichtungen der Sozialversicherung (RVO. § 1527). Außerdem sind die Gemeinden vielfach in Vertretung sowie im Auftrage von Krankenkassen, Berufsgenossenschaften, Versicherungsanstalten, mit der Darreichung von Versicherungsleistungen befaßt.

Endlich stehen die Behörden sämtlicher Gemeinwesen den Versicherungsorganen unterstützend (durch Listenführung, Auskünfte, Untersuchungen usw.) und mitverwaltend zur Seite. Solche Hilfsdienste werden im Gesetz mehrfach ausdrücklich genannt. Beispielsweise ist Sache der Gemeinde, soweit sie als Gemeindeverband im Sinne des Gesetzes gilt (z. B. die kreisfreien Städte), die Errichtung der Allgemeinen Ortskrankenkasse und der Landkrankenkasse sowie der für diese maßgebenden Satzungen (§§ 231, 320). Behufs Durchführung der landwirtschaftlichen Unfallversicherung hat die Gemeindebehörde jeden neu eröffneten landwirtschaftlichen Betrieb beim Genossenschaftsvorstand anzumelden (§ 967), sie hat ein Auskunftsrecht in bezug auf Arbeitsverhältnisse beim landwirtschaftlichen Betrieb (§ 996), sie zieht Beiträge der landwirtschaftlichen Unternehmer für die Genossenschaft ein (§ 1021). Bei der Versicherung längerer Bauarbeiten, für welche das Prämienverfahren gilt, sind die Gemeinden Einziehungsstellen für die Unfallprämien (§§ 809ff.). Die Quittungskarten für die Beiträge zur Invaliden- und Hinterbliebenenversicherung werden in der Regel von den Gemeindebehörden ausgestellt, umgetauscht und bei Verlust, Unbrauchbarkeit oder Zerstörung durch neue ersetzt (§ 1419). Auch können bei den Gemeindebehörden Anträge auf die Leistungen der Invaliden- und Hinterbliebenenversicherung angemeldet werden mit der Wirkung der §§ 1256 und 1263. Ferner können Gemeinden oder Gemeindeverbände für in ihrem Bezirk wohnende Rentenempfänger unter gewissen Bedingungen statutarisch bestimmen, daß die Renten bis zwei Drittel in Sachen, nicht in bar, gewährt werden (§ 1275); in diesem Fall gewähren sie die Sachbezüge und erhalten in diesem Wert Anspruch auf Rente. Die Angestelltenversicherung überbürdet den Gemeinden als Träger der Ortspolizei ebenfalls zahlreiche Aufgaben, jedoch mit der Maßgabe, daß die Geschäfte der Ausgabe- und Beitragsstellen aus Mitteln der Reichsversicherungsanstalt vergütet werden sollen. Alle diese Leistungen sind statistisch nur schwer erfaßbar, zumal sie vielfach nur als sogenannter versteckter Bedarf im Budget der öffentlichen Haushaltung sich finden.

Als Arbeitgeber tragen die Gemeinwesen ebenfalls erhebliche Versicherungslasten und zwar in fortgesetzt höherem Maße, je mehr der Verstaatlichungsprozeß und Kommunalisierungsprozeß in bezug auf zahlreiche Betriebszweige voranschreitet.

Beim Reich und Staat fordert die Eisenbahn- und Postverwaltung, die Forstverwaltung, die Verwaltungen des Straßen- und Strombauwesens, die Bautätigkeit, dann das Militär- und Marinewesen ein immer wachsendes Personal, das der Arbeiter- und Angestelltenversicherung unterliegt. Auch das Personal des Gemeindedienstes und der Gemeindebetriebe kommt in großem Umfang für die Sozialversicherung in Betracht, z. B. sind kranken- und invalidenversicherungspflichtig im Sinn von §§ 165 und 1226 Schreiber, Kanzlisten, Aktenhefter, Kassenboten, Kanzleidiener, Polizeidiener, Gefängnisaufseher, Nachtwächter, Flur- und Feldhüter, Meß- und Marktwächter usw., dann namentlich die Arbeiter, Gehilfen, Betriebsbeamten, Werkmeister usw., welche in kommunalen Betrieben (Gas-, Wasser-, Elektrizitätswerken, Straßenbahnen, Schlachthäusern, Desinfektionsanstalten, Straßenreinigungsanstalten, Markthallen, lithographischen Anstalten, Krankenhäusern, Häfen, Bauverwaltung usw.) beschäftigt sind. Auch der Unfallversicherung unterliegt kommunales Personal, soweit es in an sich unfallversicherungspflichtigen Betrieben ungeachtet deren kommunaler Eigenschaft tätig ist. Die hieraus sich ergebenden Versicherungslasten treffen die Gemeinwesen wie private Arbeitgeber.[54])

Die Summen, die infolgedessen an Beiträgen für die Arbeiterversicherung in den öffentlichen Budgets erscheinen, sind sehr erheblich.

Das Reich zahlt als Arbeitgeber allein für Arbeiterversicherung über 6 Mill. ℳ jährlich, es handelt sich namentlich um das versicherungspflichtige Personal der Reichseisenbahnen, der Reichspost, im Reichsheer und der Marine. Nach dem Reichsetat 1914 beanspruchten an Beiträgen zur Sozialversicherung

das Reichsheer (einschl. bayr. Kontingent) . .	1,95 Mill. ℳ
die Marine	1,36 „ „
die Reichseisenbahnen	1,4 „ „
die Reichspost	1,4 „ „
	zus. 6,11 Mill. ℳ

Die preußisch-hessische Staatseisenbahn hat nach dem Etat 1914 für die Sozialversicherung 18,2 Mill. ℳ pflichtmäßig zu leisten:

[54]) Allerdings läßt die Reichsversicherungsordnung die im Dienste oder in Betrieben einer Gemeinde oder eines Gemeindeverbandes Beschäftigten frei von der Krankenversicherung, wenn ihnen gegen ihre Arbeitgeber ein Anspruch mindestens entweder auf Krankenhilfe in Höhe und Dauer der Regelleistungen der Krankenkassen oder für die gleiche Zeit auf Gehalt, Ruhegeld, Wartegeld oder ähnliche Bezüge im anderthalbfachen Betrage des Krankengeldes gewährleistet ist (§ 169). Eine ähnliche Bestimmung gilt für die Invaliden- und Hinterbliebenenversicherung. Voraussetzung ist hier gewährleistete Anwartschaft auf Ruhegehalt im Mindestbetrag der Invalidenrente nach den Sätzen der ersten Lohnklasse sowie auf Witwenrente nach den Sätzen der gleichen Lohnklasse und auf Waisenrente. Außerdem sind frei von der Invalidenversicherung Beamte der Gemeinde und Gemeindeverbände, Lehrer, Erzieher an öffentlichen Schulen und Anstalten, solange sie lediglich für ihren Beruf ausgebildet werden (§§ 1234, 1235).

5,46 Mill. ℳ zur Krankenversicherung, 8,6 Mill. ℳ zur Unfallversicherung, 3,9 Mill. ℳ zur Abteilung A der Arbeiter-Pensionskasse (Invalidenversicherung), 200 000 ℳ zur Angestelltenversicherung, wozu noch 24 000 ℳ für einschlägige Verwaltungskosten kommen.[54a])

Die Aufwendungen des derzeit unter meiner Leitung stehenden K. Bayerischen Statistischen Landesamts für die Sozialversicherung im Jahre 1913 macht nachstehende Tabelle ersichtlich:

Durchschnittliche Zahl der versicherten Hilfsarbeiter	Gesamtlohnsumme	Beiträge								
		der Hilfsarbeiter			des Amts			zusammen		
		absolut	pro Arbeiter	in % der Lohnsumme	absolut	pro Arbeiter	in % der Lohnsumme	absolut	pro Arbeiter	in % der Lohnsumme
	ℳ	ℳ	ℳ		ℳ	ℳ		ℳ	ℳ	
61	60 307	3579	58,7	5,9	2986	48,9	5,0	6565	107,6	10,9
		hiervon treffen auf:								
Krankenvers.		1237	20,3	2,1	618	10,1	1,1	1855	30,4	3,2
Invalidenvers. . . .		563	9,2	0,9	563	9,2	0,9	1126	18,4	1,8
Angestelltenvers. .		1779	29,2	2,9	1805[1])	29,6	3,0	3584	58,8	5,9

[1]) Der Betrag ist hier etwas höher als bei den Hilfsarbeitern, da in Ausnahmefällen der ganze Beitrag vom Amt geleistet wurde.

Die Stadt München etatisierte die von ihr als Arbeitgeberin zu leistenden Sozialversicherungsbeiträge für das Jahr 1913 auf 193 181 ℳ, ein Betrag, der seit 1900 sich fast verdreifachte: es betrug nämlich der Aufwand

	1913 ℳ	1912 ℳ	1900 ℳ
für Krankenversicherung	73 203	68 367	20 927
„ Unfallversicherung	49 021	48 504	19 003
„ Invaliditäts- und Altersversicherung	69 391	70 996	27 541
„ Angestelltenversicherung	1 566	—	—
Summe	193 181	187 867	67 471

Eine Überwälzung der Versicherungskosten erfolgt wohl nur bei den Betriebsverwaltungen (z. B. Reichspost, Staatseisenbahn, städtische Elektrizitätswerke). Hier wird man die Versicherungskosten wie andere Geschäftsunkosten durch höhere Preise wieder hereinbringen. Im übrigen erfolgt die Deckung der Kosten aus allgemeinen Mitteln, hauptsächlich durch Steuern und Umlagen.

[54a]) Vgl. auch *Wopfner*, Das Wohlfahrtswesen bei den deutschen Eisenbahnverwaltungen. Verkehrswissensch. Vorträge beim IX. Fortbildungskurs des Verbands deutscher und österr. Eisenbahnbeamtenvereine in München 1914. Stuttgart 1914.

B.

Indessen steht der Belastung des öffentlichen Haushalts durch die Sozialversicherung auch eine Erleichterung und eine Entlastung gegenüber, die er auf dem Gebiet der eigentlichen Verwaltung erfährt. Es gilt dies schon in gewisser Beziehung für die Finanzgebarung des öffentlichen Haushalts, ganz besonders aber für die staatliche und kommunale Wohlfahrts- und Armenpflege. Soweit die Gemeinwesen Arbeitgeber sind, stehen ihren Kosten die gleichen Aktiven gegenüber, die im vorigen Abschnitt erwähnt sind; im besonderen kommt hier noch hinzu, daß sich der öffentlichen Verwaltung in der Arbeiter- und namentlich der Angestelltenversicherung ein Mittel bietet, die sonst vielleicht gebotene, aber sozial wenig wünschenswerte Vermehrung des Heeres von Beamten zu vermeiden oder zu verlangsamen.

Die Finanzgebarung des öffentlichen Haushalts wird dadurch erleichtert, daß von den Vermögensbeständen der Arbeiterversicherung namhafte Summen in Anlehen des Reichs, der Bundesstaaten, der Kommunen und Kommunalverbände angelegt sind.

Beispielsweise waren Ende 1912 vom Vermögen der Invalidenversicherungsanstalten 1275,8 Mill. ℳ in dieser Weise angelegt, nämlich 66,6 Mill. ℳ in Reichsanleihen, 224,9 Mill. ℳ in Anleihen der Bundesstaaten, 380,4 Mill. ℳ in Schuldverschreibungen und Pfandbriefen von Gemeinden und weiteren Kommunalverbänden, 603,9 Mill. ℳ in Darlehen an Gemeinden einschl. Kirchen- und Schulgemeinden sowie an weitere Kommunalverbände. — *Halbach* [56]) schätzt die Anlage der Krankenkassen 1910 in Wertpapieren des Reichs auf 25,4 Mill. ℳ, der Bundesstaaten auf 51,6 Mill. ℳ, in Wertpapieren von kommunalen Körperschaften (Provinzen, Kreisen, Städten, Gemeinden) auf 44 Mill. ℳ.

Hiernach wird die dauernde Unterbringung von Reichs-, Staats- und Kommunalanleihen erleichtert und dadurch eine nicht zu unterschätzende Hebung und Festigung des öffentlichen Kredits bewirkt. Noch weiter wird sie gefördert durch die Bestimmungen der Reichsversicherungsordnung (§§ 718, 984, 1157, 1356) und des Versicherungsgesetzes für Angestellte, wonach die Berufsgenossenschaften, Versicherungsanstalten und die Reichsversicherungsanstalt mindestens ein Viertel ihres Vermögens in Anlehen des Reichs oder der Bundesstaaten anzulegen haben. Tatsächlich hat die Angestelltenversicherung im ersten Geschäftsjahr 1913 bereits über ein Viertel ihres Vermögens — 25,52% —, nämlich 31,2 Mill. ℳ in Anleihen des Reichs und der Bundesstaaten angelegt, außerdem 464 140 ℳ in Anleihen von Gemeinden und Gemeindeverbänden; daneben wurden 56,3 Mill. ℳ als Schuldscheindarlehen gegen laufende Tilgung an Kommunen (in der Hauptsache mittlere Städte und größere Land-

[56]) Schriften des Vereins für Sozialpolitik Bd. 134 Teil IV S. 250.

gemeinden und Kreise, auch einige große Städte) gegeben. Bis 1920 dürften bei Durchführung der gegenwärtigen gesetzlichen Bestimmungen und geschäftlichen Übung nach Berechnung von *Potthoff* [56]) über 1200 Mill. ℳ an Reichs-, Staats- und Kommunalanleihen anzuschaffen sein (180 Mill. ℳ für Unfallversicherung, 552 Mill. ℳ für die Invalidenversicherung, 330 Mill. ℳ für Angestelltenversicherung, 67 Mill. ℳ für die Krankenversicherung, 100 Mill. ℳ für die Knappschaftskassen).

Namentlich aber äußert sich die Entlastung des öffentlichen Haushalts bei der öffentlichen Armenpflege.

Diese entlastende Wirkung mußte nach der ganzen Organisation unserer Armenpflege und Arbeiterversicherung notgedrungen eintreten. Sie tritt klar zutage, wenn man die Versicherungsleistungen nach der Art des damit bedachten Personenkreises sowie nach ihrer besonderen Beschaffenheit analysiert. Die Versicherten (im Jahre 1912: 15 Mill. gegen Krankheit, 25 Mill. gegen Unfall, 16 Mill. gegen Invalidität und Alters- sowie Hinterbliebenenfürsorge) gehören Schichten an, die nicht etwa nur die Elite der Arbeiterschaft, sondern in der Hauptsache die breiten Massen der Lohnarbeiter und damit einen namhaften Teil der früheren Klientel der Armenpflege umschließen. Wenn bis Ende 1912 weit über 100 Mill. Erkrankte, Unfallverletzte, Erwerbsunfähige und deren Angehörige Entschädigungen aus der Arbeiterversicherung bekommen haben, so waren es ganz wesentlich Elemente, die früher der Armenpflege zur Last gefallen wären. Und die fast 10 Milliarden ℳ, auf welche die Entschädigungen sich bezifferten, galten den hauptsächlichsten Verarmungsursachen. Eine Fülle von Unterstützungsfällen wird jetzt hierdurch der Armenpflege abgenommen und zum Teil von vornherein gänzlich verhütet. In anderen Fällen wird die Armenpflege jetzt nur in geringerem Maße in Anspruch genommen. Außerdem erhält die Armenpflege vielfach ihre gemachten Aufwendungen von den Trägern der Sozialversicherung wieder zurückerstattet, weil letzteren in den betreffenden Fällen die eigentliche Leistungspflicht zukam. Auch was mittelbar den Zielen der Arbeiterversicherung in die Hände arbeitet, die Früchte ihrer Wirksamkeit sichert und vermehrt, hat eine Entlastung der Armenpflege zur Folge.

Unsere Armenverwaltungen sind sich dessen wohl bewußt. Zwar läßt sich ein ziffermäßiges Bild über diese Entlastung nicht geben, da auf die Geschäftsergebnisse der Armenpflege noch andere nicht eliminierbare Ursachen einwirken. Doch bietet eine Reihe von Spezialbeobachtungen beweisende Anhaltspunkte. Ich habe das einschlägige Material ausführlich zusammengestellt in meiner Arbeit: „Arbeiterversicherung und Armenwesen in Deutschland", die ich zuerst im Jahre 1910 dem Comité permanent international des assurances sociales für seine Verhandlungen in Scheveningen als Referat

[56]) Schriften des Vereins für Sozialpolitik Bd. 134 Teil IV S. 361.

lieferte und im Jahre 1912 mit entsprechenden Ergänzungen und unter Berücksichtigung der neuen Reichsversicherungsordnung dem Internationalen Hygienisch-Demographischen Kongreß in Washington zur Verfügung stellte (vgl. Zeitschrift des Bayer. Statistischen Landesamts 1911 S. 1 ff. und Archiv für Sozialwissenschaft und Sozialpolitik Jahrgang 1912, Septemberheft). Meine Arbeit wurde inzwischen durch die Untersuchungen von *H. Ephraim* über die Entwicklung der Armenpflege des Großherzogtums Oldenburg 1891 bis 1905 und von *M. J. Funk* über das Bremische Armenwesen weiter ergänzt und bestätigt.

Wie sich aus dem genannten Material für eine Reihe von Großstädten ergibt, bekommen deren Armenverwaltungen ganz erhebliche Summen für vorläufige Hilfe zurückvergütet von Organen der Arbeiterversicherung — Summen, die sie in Ermanglung einer Arbeiterversicherung selbst tragen müßten. Beispielsweise haben bei der Landesversicherungsanstalt Berlin im Jahre 1912 Gemeinden bzw. Armenverbände in 5373 Fällen (und zwar in 5256 Invalidenrenten-, 7 Altersrenten-, 110 Hinterbliebenenfürsorgesachen) wegen geleisteter Armenunterstützung Ersatz aus der Rente beansprucht; tatsächlich wurden 1912 seitens der Berliner Landesversicherungsanstalt an Armenverbände überwiesen in 5205 Fällen an Alters-, Invaliden-, Kranken- und Hinterbliebenenrenten 337383 ℳ, wovon auf die Armendirektion Berlin 322696,30 ℳ entfielen; für die Zeit 1895/1912 stellt sich die überwiesene Summe auf 2354303,09 ℳ, davon erhielt die Armendirektion Berlin 2238277,13 ℳ. Die Landesversicherungsanstalt Schleswig-Holstein überwies als Ersatz für geleistete Unterstützung an Armenverwaltungen in den Jahren 1891/1911 Renten im Betrag von 1191586 ℳ (allein im Jahre 1911: 136886 ℳ).

Auch die geschlossene in Krankenhäusern, Altersheimen, Irrenanstalten geübte Armenpflege erfährt eine Entlastung oder Erleichterung, indem diese Anstalten jetzt von den Verwaltungen der Arbeiterversicherung mitbeschickt, mitfinanziert werden.

Am meisten trifft der entlastende Einfluß der Arbeiterversicherung in kleinen ärmlichen Gemeinden zutage, wo die Armenpflege sich mit ihrer Hilfe aufs notwendigste beschränken muß; dort spürt man in den Armenetats jede neue, in die Gemeinde fließende Versicherungsrente. Die Großstädte können wegen ihrer in der Regel günstigen Finanzen weitherzigere Armenpflege üben, sie widmen die durch die Arbeiterversicherung freigewordenen Mittel neuen, bisher unberücksichtigt gelassenen Unterstützungsfällen und neuer intensiverer Unterstützung des Einzelfalles, doch geben auch sie den entlastenden Einfluß der Arbeiterversicherung auf die Armenpflege unumwunden zu.

Aber — wendet man ein — die Armenunterstützten nehmen doch in vielen Gemeinden zu, die Armenetats werden doch immer größer! Nur oberflächliche Kenner unserer heimischen Verhältnisse oder

Tendenzschriftsteller,[57]) die sie nicht kennen wollen, können dies zum Gegenbeweis des Gesagten anführen. Läßt denn jenes Anwachsen den Umfang der wirklichen Armut ersehen? Läßt es nicht vielmehr den Umfang der erfolgreichen fortschreitenden Hilfstätigkeit bzw. der hierfür vorhandenen Mittel erkennen? Überdies hängt jenes Anwachsen überhaupt nur sehr teilweise mit der Arbeiterversicherung zusammen. Andere Faktoren spielen eine viel entscheidendere Rolle.

Zunächst waren von der seitherigen Arbeiterversicherung eine Reihe Hilfsbedürftigkeitsfälle überhaupt nicht berücksichtigt, so die Witwen- und Waisennot, die Krankheit von unständigen Tagelöhnern und von Landarbeitern (ausgenommen die besondere landesrechtliche Regelung). Ferner leistet die Krankenversicherung eine zeitlich begrenzte (26 Wochen) Hilfe, die Unfall- und Invalidenrenten ergänzen lediglich die mangelnde Erwerbsfähigkeit, können aber nicht vor dem Los bewahren, daß wegen des Gebrechens, für das die Rente bezahlt wird, der Empfänger keine Arbeit findet. Bekanntlich ist die Arbeitslosigkeit eine Hauptverarmungsursache, sie ist aber von der Sozialversicherung nicht erfaßt. Überdies reichen die Leistungen der Sozialversicherung nicht durchweg hin zur völligen Bestreitung des Lebensbedarfs des Entschädigten, so daß hier die Armenpflege ergänzend eingreifen muß.

Indessen sind auch dies relativ nebensächliche Momente. In der Hauptsache wurde das Anwachsen der Zahl der Armenunterstützten und der Armenetats durch folgende Gründe veranlaßt.

Unser Volk erfreute sich in den letzten Jahrzehnten einer starken

---

[57]) Auch *F. Friedensburg*, „Die Praxis der deutschen Arbeiterversicherung", Berlin 1911, urteilt irrig über das Verhältnis zwischen Arbeiterversicherung und Armenwesen. Mit derselben tendenziösen Einseitigkeit, mit der er auch sonst die Praxis der Arbeiterversicherung schildert, oder — um die Worte von Rubinows Kritik in der Political Science Quarterly 1912 S. 312 zu gebrauchen — mit derselben geistigen Farbenblindheit, mit der er das Normale nicht mehr sieht, infolge eingehender Beschäftigung mit dem Anormalen zitiert er aus meinem Referat über Arbeiterversicherung und Armenwesen lediglich die Tatsache der Zunahme der Armenaufwendungen und folgert daraus das Ausbleiben der Entlastung der Armenpflege durch die Arbeiterversicherung. Dagegen verschweigt er alle von mir beigebrachten Tatsachen, die eine Entlastung der Armenpflege bewirkten. Er verschweigt auch, daß die Zunahme der Armenaufwendungen unter dem Einfluß verschiedener wirtschaftlicher und sozialer Momente erfolgte und ohne die Arbeiterversicherung noch viel größer wäre. Kein Wunder, wenn die Schrift auch wegen ihrer sonstigen Einseitigkeit und starken Übertreibung vereinzelter Vorkommnisse von allen Kennern und objektiven Kritikern der deutschen Arbeiterversicherung abgelehnt ist. Vgl. *Konrad Weymann* in der sozialpolitischen Rundschau vom 3. Mai 1911, Neue preußische Kreuzzeitung vom 20. Mai 1911, Norddeutsche Allgemeine Zeitung vom 19. Mai 1911, *F. Lange* in der Sozialen Praxis vom 13. April 1911, die Arbeiterversorgung vom 1. Mai 1911, *Robert Schmidt* im Korrespondenzblatt der Generalkommission der Gewerkschaften Deutschlands vom 6. Mai 1911, *J. N. Rubinow* in der Political Science Quarterly 1912 S. 312, *Randolph T. Brodsky* in the Survey, The national journal of social, civic, industrial advance New York 1912.

Vermehrung,[58]) an dieser sind selbstverständlich überwiegend die minderbemittelten Schichten beteiligt. Dazu kommt unser gewaltiger rascher Verstadtlichungsprozeß auf Grund einer starken Zuwanderung vom Land in die Stadt. Unter diesen Zugewanderten befinden sich viele hilfsbedürftige Elemente, sie kommen in die Stadt mit der Erwartung besserer Erwerbstätigkeit oder wenigstens mit der Erwartung ausgiebiger Unterstützung bei Verarmung. Sie bedenken leider zu wenig, daß mit der Größe und Wohlhabenheit der Städte die Gefahr der Verarmung wächst. Darum stellen die Zugezogenen häufig ein größeres Kontingent zu den Armenunterstützungen als die Einheimischen. Allerdings ist die höhere Unterstützungssumme in den Städten zum Teil eine Folge der besseren und reichlicheren Armenfürsorge, die sich für Gegenden mit dürftiger Erwerbsgelegenheit und schwachen Finanzen von selbst verbietet.

Ferner ist von Belang die mit unserer neuzeitlichen wirtschaftlichen Entwicklung eingetretene Hebung des Wohlstandes und Verbesserung der Lebenshaltung. Infolgedessen wurde die ganze Gesellschaft, wurden auch die Minderbemittelten, die nichtversicherten Elemente, anspruchsvoller, anderseits wurde man bezüglich Anerkennung von Hilfsbedürftigkeit, Bemessung des Existenzminimums usw. entgegenkommender.

Auch die Verteuerung der Lebenshaltung (Lebensmittel, Wohnungsmieten) wirkte mit. Dadurch wurde teils das Bedürfnis nach Unterstützung in verstärktem Maß hervorgerufen, teils mußten die Aufwendungen für Orts- und Landarme, in der offenen wie geschlossenen Armenpflege, vergrößert und die Gehälter des im Dienst der Armenverwaltung stehenden Personals erhöht werden.

Endlich war der durch die Sozialgesetzgebung geweckte soziale Geist von kostenmehrendem Einfluß auf die Armenverwaltung. Es erfolgte eine soziale Ausgestaltung der Armenpflege, eine Erweiterung und Vertiefung ihrer Arbeitsaufgaben in sozialer Richtung. Nicht bloß mehr und bessere Hilfe, auch umfassende prophylaktische Tätigkeit ist Grundsatz der heutigen Armenpflege.

Natürlich erhöhen sich durch all die erwähnten Momente die Kosten der Armenpflege. Am meisten ist dies der Fall an den Stätten größeren Wohlstands, welche regelmäßig zugleich die Stätten ergiebigerer Armenpflege, die Stätten mit der fortgeschrittensten sozialen Ausgestaltung der Armenpflege sind, also in unseren Großstädten. Der Erfolg der verstärkten sozialen Fürsorge zeigt sich also weniger in einer Besserstellung der Kommunen als in einer Besserstellung der Privathaushaltungen, und zwar der in den unteren Volksschichten.

Keineswegs ist die auf solche Weise eingetretene Zunahme des Armenaufwands ein ungünstiger Einfluß der Arbeiterversicherung.

---

[58]) *F. Zahn*, Das Deutsche Volk in seinen sozialen und wirtschaftlichen Beziehungen. Handbuch der Politik. Berlin 1914 Bd. II S. 176 ff.

Noch viel weniger bedeutet sie eine Zunahme der Verarmung gegen früher.

Dabei vollzog sich im Lauf der letzten Jahrzehnte eine bedeutsame innere Umgestaltung der Armenpflege, eine Scheidung zwischen der eigentlichen Armenpflege und zwischen der modernen sozialhygienischen Fürsorge. Die eigentliche Armenpflege, die notdürftige Obsorge für Notleidende, wurde in ihrem Aufgabenkreis durch die Arbeiterversicherung verengert. Hingegen hat sich der Bereich der Armenpflege auf dem Gebiet der modernen Sozialhygiene erweitert. Die Ausgestaltung dieses Aufgabengebietes ist es, die das Anwachsen der Armenaufwandsziffern weiter verursacht. Gleichzeitig wurde diese Art Armenpflege erst im Wege der reinen Praxis, dann ausdrücklich durch die Reichs- und entsprechende Landesgesetzgebung (vgl. Reichsgesetz vom 15. März 1909) des bisherigen politisch nachteiligen, des schändenden Charakters der Armenunterstützung entkleidet. Sie ist auf bestem Wege, aus der Armenpflege im juristischen Sinne auszuscheiden und als selbständige Fürsorge zwischen Arbeiterversicherung und Armenpflege zu treten.

So leitet unsere Arbeiterversicherung die Arbeitermassen aus der Lage der Bettelhaftigkeit durch die sozial gehobene Armenpflege hindurch zum Bewußtsein staatsmäßig solidarischer Selbstfürsorge.

Diese schon bisher konstatierbare günstige Wirkung der Arbeiterversicherung auf die Armenpflege wird sich noch wesentlich erhöhen im Zeichen der neuen Reichsversicherungsordnung infolge der jetzt eingetretenen Erweiterung des Kreises der versicherungspflichtigen Personen und der Steigerung der ihnen zukommenden Leistungen sowie infolge von Vereinfachung und Vereinheitlichung des Verfahrens, das die Verfolgung von Versicherungs- und Ersatzansprüchen erleichtert.

So wird die Ausdehnung der Krankenversicherungspflicht namentlich auf die Hausgewerbetreibenden, die Dienstboten, die unständigen und die im Wandergewerbe Beschäftigten das bisher bei ihnen häufig notwendig gewesene Eingreifen der Armenpflege in vielen Fällen entbehrlich machen. Auch die eintretende Steigerung der Kassenleistungen wird der Armenpflege zugute kommen. Die Kassen werden künftig nicht nur in vielen Fällen, wo sie früher versagten, einzutreten haben, es werden sich auch ihre baren Leistungen erhöhen, da die Berechnung nach einem gegen früher heraufgesetzten Grundlohn erfolgt. Außerdem sind fakultative Leistungen (Mehrleistungen) jetzt in größerem Umfang als bisher möglich. Wesentlich für die Armenpflege ist auch, daß künftig, von der Aufsichtsbehörde erzwingbar, Krankenhauspflege geleistet werden soll, wenn die Art der Krankheit sie verlangt, wenn die Krankheit ansteckend ist oder wenn ein besonderes Pflege- oder Beobachtungsbedürfnis vorliegt. Ist Krankenhauspflege nicht möglich, so kann bei Kürzung des Krankengeldes auch Hauspflege durch Krankenpfleger oder -schwestern gewährt werden; im Fall der Krankenhauspflege ist an Angehörige, die der Kranke zu unterhalten hat, ein Hausgeld in Höhe des halben Krankengeldes zu zahlen. Für erwerbslos Erkrankte, d. h. für Personen, die binnen drei Wochen nach Ausscheiden aus einer versicherungspflichtigen Beschäftigung erkrankt sind, wird die Armenpflege häufiger als bisher einzutreten haben, weil die Zeit, die sie zur Erhaltung der Anwartschaft vor dem Ausscheiden versichert gewesen sein müssen, von drei auf sechs Wochen erhöht worden ist; doch haben die Kassen ihnen künftig auf Verlangen eine Bescheinigung darüber auszustellen, wodurch sich Streitigkeiten zwischen Kassen und Armenverbänden leicht vermeiden lassen.

Bei der Unfallversicherung sind die Veränderungen der RVO. vom Standpunkt der Armenpflege weniger tiefgreifend. Immerhin werden auch sie das Eintreten der Armenpflege weniger häufig erforderlich machen, da der Kreis der versicherungspflichtigen Betriebe erweitert und die Einkommensgrenze, bis zu welcher die in diesen Betrieben beschäftigten Personen der Versicherungspflicht unterliegen, von 3000 auf 5000 ℳ erhöht worden ist. Besondere Hervorhebung verdient, daß niedrige Renten (ein Fünftel der Vollrente oder weniger) mit Zustimmung des Versicherten nach Anhörung des Versicherungsamtes mit einem Kapitalbetrag abgefunden werden können; die Armenverwaltungen werden diese Abfindung, wenn sie nicht in ihrem Interesse liegt, verhindern müssen.

In der Invalidenversicherung brachte die RVO. der Armenpflege nennenswerte Verbesserungen schon dadurch, daß die Invalidenrentner künftig für jedes Kind unter 15 Jahren einen Zuschuß von einem Zehntel bis zu fünf Zehntel der Rente erhalten. Von besonderer Bedeutung aber ist die Hinterbliebenenversicherung, die nunmehr der Invalidenversicherung angegliedert ist. Die Hinterbliebenen des Versicherten erhalten jetzt Witwen- oder Witwerrenten, Waisenrenten, Witwengeld und Waisenaussteuer. Diese Bezüge[59]) werden gewährt, wenn der Verstorbene zur Zeit seines Todes die gesetzliche Wartezeit für die Invalidenrente erfüllt und die Anwartschaft aufrecht erhalten hat; Witwengeld und Waisenaussteuer nur, wenn die Voraussetzungen außerdem bei der Witwe gegeben sind. Endlich ist von Belang, daß wie bisher zur Abwendung einer drohenden oder zur Beseitigung einer bereits eingetretenen Invalidität ein Heilverfahren eingeleitet werden kann, währenddessen den Angehörigen ein Hausgeld zusteht; wenn dieses Heilverfahren rechtzeitig eingeleitet wird und die Erhaltung der Anwartschaft gewahrt bleibt, kommt dies der Armenpflege sehr zu statten.

Wie aus dem Gesagten hervorgeht, haben die Armenverwaltungen allen Grund, sich um die Arbeiterversicherung und speziell um die Reichsversicherungsordnung besonders zu bekümmern. Sie arbeiten denn auch vielfach eifrig mit den Versicherungsorganen Hand in Hand, damit alle Versicherungspflichtigen und -berechtigten die Vorteile der Arbeiterversicherung erlangen. Einstweilen gehen noch manche der Versicherungsberechtigten der gesetzlichen Wohltaten verlustig, weil sie ihre Rechte nicht kannten und nicht oder falsch darüber belehrt sind. Dies wird in Zukunft noch folgenschwerer, da ja auch der Verlust einer Sicherung der Witwen und Waisen damit verbunden ist. Nur die Leistungen der Unfallversicherung werden von Gesetzes wegen gewährt, dagegen die Invaliden-, Altersrenten, die Witwen- und Waisenansprüche nur auf Antrag und nur, wenn die durch die RVO. erschwerten Bestimmungen hinsichtlich Anwartschaft und Wartezeit erfüllt sind. Wenn zur Aufklärung über die Reichsversicherungsordnung in den Kreisen der Versicherungspflichtigen und der zur Selbstversicherung und

---

[59]) Um eine Erhöhung der Hinterbliebenenrente zu ermöglichen, wird eine Heranziehung der Gemeinden zur Mitaufbringung der erforderlichen Mittel vorgeschlagen unter dem speziellen Hinweis darauf, daß die Gemeinden vermöge der Hinterbliebenenversicherung ihren Armenaufwand reduzieren können. *H. Mattutas*, Hinterbliebenenversicherung und Armenfürsorge. Soziale Praxis vom 22. Januar 1914.

freiwilligen Weiterversicherung Berechtigten die Armenverwaltungen mithelfen, so handeln sie nicht nur im Interesse dieser Personen, denen die Sicherung oder Vermittlung einer Heilbehandlung oder einer Rente mehr bedeutet als die Bewilligung eines Almosens, sondern sie fördern zugleich die weitere Entlastung der Armenpflege.

Charakteristisch ist in dieser Beziehung eine neuerdings von der Hamburger Armenverwaltung ergriffene Maßregel. Jedem Hilfesuchenden, der Beiträge für die Invalidenversicherung geleistet hat, wird ein Merkblatt von der Armenverwaltung übergeben, das ihn über die Bedeutung der Invaliden- und Hinterbliebenenversicherung unterrichtet. Darin wird darauf hingewiesen, daß unter der Reichsversicherungsordnung die Leistungen wesentlich vermehrt worden sind, insbesondere durch die Zuschußrenten für Kinder und die Hinterbliebenenfürsorge. Es folgen dann Belehrungen über die Wartezeit, vor allem über das Recht auf die freiwillige Weiterversicherung, bei der zur Erhaltung der Anwartschaft nur jährlich 10 Marken für insgesamt 1.60 ℳ geklebt zu werden brauchen. Doch wird eindringlich geraten, mehr Marken und zu höheren Beträgen zu kleben. Schließlich werden noch besonders die Frauen und Witwen zur Fortsetzung der Versicherung ermahnt. Ausdrücklich betont noch Hamburg in einem Rundschreiben an die Armenbezirke, daß künftig von der Invaliden- und Hinterbliebenenversicherung eine noch stärkere Entlastung von der Armenpflege als bisher zu erwarten ist. Und diese wird so hoch geschätzt, daß, wenn der Unterstützungsempfänger außerstande ist, die Marken aus eigenen Mitteln zu beschaffen, ihm ein Beitrag aus öffentlichen Mitteln gewährt werden darf. In ähnlicher Weise verfährt das Leipziger Armenamt. (Vgl. Deutscher Reichsanzeiger vom 10. August 1912, Die Aufgaben der Armenpflege in der Überwachung der Invalidenversicherung).

In gleicher Richtung wird durch kleine gemeinverständliche Aufklärungsschriften gearbeitet, die über Ansprüche, Beiträge, Wartezeit über das Erlöschen und Wiederaufleben der Anwartschaft und über das Recht der Selbstversicherung und der freiwilligen Weiterversicherung Aufschluß erteilen. Vielfach geben die Armenpflegen dem Hilfesuchenden, die Standesämter der neu verehelichten Frau, die der Versicherung angehörte, die Schulen den zur Entlassung kommenden Schülern und Schülerinnen solche Schriften. Die durch Prüfung des Versicherungsverhältnisses eines Hilfsbedürftigen eintretende Mehrarbeit und die durch Anschaffung und Verbreitung von Aufklärungsschriften entstehenden Kosten finden reichlichen Ausgleich in der Verminderung der Armenlasten. Ein einzelner Fall kann eine Kostenersparnis von einigen Hundert Mark bringen.[60])

---

[60]) *Korbinian Halm*, Die Nutzbarmachung der Reichsversicherungsordnung und Angestelltenversicherung durch Gemeinden und Armenverbände. Aschaffenburg 1914 S. 10. — *F. Kunowsky*, Krankenversicherung und Armenverbände, Berlin 1914.

Wie die Armenpflege, so profitiert die gesamte Wohlfahrtspflege der Kommunen und auch der Bundesstaaten und des Reichs von der Arbeiterversicherung. Indem die Lasten, die ihnen in Ermanglung einer Arbeiterversicherung obliegen würden, durch die Sozialgesetzgebung anderen Trägern überwiesen sind, haben sie Kräfte für anderweitiges soziales Schaffen frei.[61])

Für die in öffentlichen Betrieben beschäftigten Arbeiter ist man insbesondere auch darauf bedacht, die Leistungen, die ihnen bereits durch die Arbeiterversicherung zustehen, noch günstiger zu gestalten, sei es durch freiwillige Unterstützung, sei es durch Errichtung von Pensionskassen, durch Ausgestaltung der öffentlichen Betriebe zu sozialen Musterbetrieben.

Welch ansehnliche Summe seitens staatlicher Arbeitgeber über die gesetzlichen Pflichtleistungen hinaus für Wohlfahrtszwecke verausgabt wurde, beweist die Übersicht Seite 85.

Es wurde schon erwähnt, daß die preuß.-hess. Eisenbahnverwaltung[62]) an Pflichtleistungen für die Sozialversicherung ihres Personals 18,2 Mill. ℳ aufwendet. Dazu kommt noch eine Reihe freiwilliger Leistungen ihren Angestellten gegenüber; so zahlt sie zu einer Zusatzversicherung bei der Arbeiterpensionskasse, die den Versicherten über die gesetzlichen Leistungen hinausgehende Fürsorge im Fall der Erwerbsunfähigkeit sichert, noch statutarische Beiträge und weitere freiwillige Summen im Betrag von 11,6 Mill. ℳ im Jahre 1914. Dazu kommen noch die Aufwendungen für freie Arzthilfe, die sie den mittleren und unteren Beamten sowie deren Angehörigen gewährt — die Bezüge der hierfür tätigen 2657 Bahnärzte beliefen sich 1912 auf 2,8 Mill. ℳ —, die Aufwendungen zur Verbesserung der Wohnungsverhältnisse der Beamten und Arbeiter im Eisenbahndienst, die Aufwendungen für die Durchführung der Fürsorge für Tuberkulose und zur Bekämpfung der Tuberkulose usw.

Und was die Kommunen und Kommunalverbände anlangt, so geht auch ihre soziale Fürsorge weit über das Maß dessen hinaus, was die gesetzliche Arbeiterversicherung ihnen als Arbeitgebern auferlegt. An einer Fülle von kommunalen Maßnahmen der letzten Jahrzehnte läßt sich dartun, wie sehr gerade die Gemeinden über die gesetzlichen Vorschriften hinaus ein Mehr der Beitragsleistungen auf sich nehmen, die Arbeiterversicherung fortbilden, die von ihnen geschaffenen Einrichtungen ergänzen.

---

[61]) Näheres darüber bei *F. Zahn* und *J. Kleindinst*, Bekämpfung der sozialen Krankheitsursachen durch den Staat. Handbuch von Mosse und Tugendreich über Krankheit und soziale Lage. München 1913 S. 639 ff. — *G. Sonnenberg*, Deutschlands sozialpolitische Einrichtungen im Budget des Reichs, dreier Einzelstaaten und dreier Großstädte. Berlin 1912.

[62]) Bezüglich der sozialen Mehrleistungen der deutschen Reichs-Post- und Telegraphenverwaltung vgl. *Kurt Kleemann*, Die Sozialpolitik der Reichs-Post- und Telegraphenverwaltung gegenüber ihren Beamten, Unterbeamten und Arbeitern. Jena 1914 S. 155 ff.

Die nicht auf gesetzlicher Verpflichtung beruhenden Wohlfahrtsleistungen staatlicher Arbeitgeber 1911.[1])

Art der Leistung	Deutsches Reich	Preußen	Bayern	Sachsen	Württemberg	Baden	Zusammen
Pensions- und Unterstützgs.-fonds-Stiftungen für Angestellte und Arbeiter. . . .	1136910	13228512	2391917	1011618	2009989	660400	20439346
Arbeiterwohlfahrtszwecke, nicht spezialisiert	6560200	292453	271980	—	—	—	7124633
Kranken-, Verwundeten- u. Genesenenfürsorge, Wöchnerinnenpflege . .	50000	7174683	456000	482650	142000	494505	8799838
Wohnungsfürsorge. . .	4861100	13881981	655000	—	—	—	19398081
Sonstige Wohlfahrtsleistungen	—	3812632	25385	18750	35000	63100	3954867
Zusammen . .	12608210	38390261	3800282	1513018	2186989	1218005	59716765

[1]) Nach Denkschrift des Hansabundes a. a. O.

So haben z. B. die Städte Heidelberg, Leipzig, Ludwigshafen und Metz die Beiträge zur Krankenversicherung ganz, Altona und Plauen zur Hälfte auf sich genommen. Über die gesetzlichen Mindestleistungen hinaus gewährt eine Reihe von Städten noch sogenannte ergänzende Krankenunterstützung, in der Regel für Arbeiter mit längerer Dienstzeit, ferner ärztliche Behandlung, Arznei, Krankengeld usw. bis zu 52 Wochen, Unterstützungen an erkrankte Familienangehörige (Tragung der Geburtskosten bei der Niederkunft von Ehefrauen der Mitglieder). Einige Städte haben auch Vereinbarungen mit Hauspflegevereinen zur Pflege der erkrankten Arbeiter und ihrer Familien getroffen, den Erkrankten werden Pflegerinnen zur Verfügung gestellt, deren Kosten teilweise die Stadt trägt. Die Städte Offenbach, Heidelberg und Metz tragen die vollen Beiträge zur Invalidenversicherung. Dessau versichert alle ihre Arbeiter in der höchsten Lohnklasse zur Invalidenversicherung und trägt das Mehr an Beiträgen, das der Arbeiter zu leisten hat; für Arbeiter, die länger als 5 Jahre ununterbrochen bei der Stadt beschäftigt sind, trägt diese alle Beiträge zur Invalidenversicherung. Andere Kommunen und auch staatliche Stellen haben anläßlich der Einführung der Angestelltenversicherung die Gehälter der Angestellten um den auf sie entfallenden Anteil zur Versicherung erhöht oder die ganzen Beiträge übernommen gegen Kürzung des Ruhegehalts im Rentenfall um den Betrag der Rente.[63])

[63]) Vgl. *Walli* im Handwörterbuch der Kommunalwissenschaften I. Bd. Jena 1914.

Unter dem Einfluß der von der Arbeiterversicherung ausgehenden Grundsätze beschreiten die Kommunen vielfach neue Wege zur Hebung der Arbeiterschaft und arbeiten so förmlich als Pioniere für die Landes- und Reichsgesetzgebung vor. Ich erwähne beispielshalber nur die gemeindlichen Arbeitsnachweise, Notstandsarbeiten, Arbeitslosenversicherung (in Form von Zuschüssen öffentlicher Körperschaften zu den Arbeitslosenunterstützungskassen der Gewerkschaften oder gemeindlichen freiwilligen Arbeitslosenkassen)[64], Sozialkommissionen, Rechtsauskunftsstellen, Arbeiterpensionen, Arbeiterurlaub, Kinder- und Jugendpflege, Waldschulen, Waldwerkstätten, Berufsberatungsstätten, Verstadtlichung des Rettungswesens, Fürsorgeämter für Lungenkranke zwecks Gelegenheit zur Untersuchung des Gesundheitszustandes auf Tuberkulose, Familienzulagen für kinderreiche Familien von gemeindlichen Arbeitern und Bediensteten, kommunale Erleichterungen zu billiger Beschaffung von Lebensmitteln,[65]) Volksbildungspflege usw. Freilich würden die Städte auch ohne die Arbeiterversicherung manches auf sozialpolitischem Gebiet leisten. Aber die ausgereifte Sozialpolitik, die sie als wesentliches Stück des modernen Munizipalsozialismus heute betreiben und zwar vielfach noch bei plutokratischem Wahlrechtsprinzip, „diese Kraftleistung des sozialen Zeitgeistes" in Verbindung mit einem wohlverstandenen Finanzinteresse (Adickes) ist zu einem guten Teil erst durch die soziale Gesetzgebung ermöglicht worden.

Bei dieser Tätigkeit fallen die vielen Millionen sehr ins Gewicht, die die Versicherungsträger (bisher im wesentlichen die Invalidenversicherungsanstalten, nunmehr auch die Krankenkassen, §§ 1274, 363) aus ihren Mitteln für öffentliche Gesundheitspflege, Arbeiterwohnungen, Volksbildung und sonstige Wohlfahrtspflege ausgeben. Sie ersparen dem öffentlichen Haushalt, auch den Gemeinden, für eine Reihe öffentlicher Aufgaben eigene Leistungen oder erleichtern deren Finanzierung den Gemeinden. So sind vom Vermögen der Invalidenversicherungsanstalten mit über 1,9 Milliarden ℳ Ende 1913 für gemeinnützige Zwecke bis dahin 1244 Mill. ℳ ausgegeben worden und zwar:

		Mill. ℳ
I. Eigene gemeinnützige Veranstaltungen der Versicherungsträger (Bekämpfung von Volkskrankheiten, insbesondere der Lungentuberkulose, Krankenhäuser, Heilanstalten, Lungenheilanstalten, Erholungsstätten und Genesungsheime, Invalidenhäuser)		79,8
II. Durch darlehensweise Hingabe		
1. Darlehen zum Bau von Arbeiterfamilienwohnungen	457,6	482,6
2. Darlehen zum Bau von Ledigenheimen, Hospizen, Herbergen, Gesellenhäusern usw.	25	

[64]) Reichs-Arbeitsblatt 1913, Sonderbeilage zum Dezemberheft, betreffend Arbeitslosenversicherung im In- und Ausland. — *J. Feig*, Die neuesten Erfahrungen mit der Arbeitslosenversicherung. Conrads Jahrbücher 1914 S. 626 ff.

[65]) Nach dem Grundsatz Qui bene nutrit, bene curat.

	Mill. ℳ
3. Förderung der allgemeinen Wohlfahrtspflege	561,9
Davon:	
für den Bau von Krankenhäusern, Genesungsheimen, Volksheilstätten, Invaliden- und Erholungsheimen, Siechenhäusern und Kranken- und Invalidenpflege überhaupt . .	133,1
zur Förderung der öffentlichen Gesundheitspflege, insbesondere zum Bau von Volksbädern, Schlachthäusern, Wasserleitungen, Kanalisationen, Friedhöfen usw. . . .	181,1
für Erziehung und Unterricht, Hebung der Volksbildung . .	93,6
für sonstige Wohlfahrtszwecke	154,1
4. Befriedigung des landwirtschaftlichen Kreditbedürfnisses für Bodenverbesserung, Ent- und Bewässerung, Moorkultur, Aufforstung, Wegbau, Kleinbahnen, Hebung der Viehzucht, Linderung der Futternot usw.	119,7

Von den Darlehen für gemeinnützige Wohnungsfürsorgebestrebungen (482,6 Mill. ℳ) sind rund 65,3 Mill. ℳ oder 13,5 % nicht mündelsicher angelegt. Es waren bis Ende 1912 zurückbezahlt worden 58,7 Mill. ℳ, mithin blieb Ende 1913 noch ein Bestand an Darlehen von 423,9 Mill. ℳ. (Für den Bau von Wohnungen für Nichtversicherte sind hergegeben 13,3 Mill. ℳ.) Diese 423,9 Mill. ℳ waren zu folgenden Zinssätzen angelegt:

unter 3	%	376 351 ℳ
zu 3	„	163 481 596 „
über 3, aber unter 3½	„	21 894 090 „
zu 3½	„	182 299 170 „
über 3½, aber unter 4	„	18 610 528 „
zu 4	„	14 910 071 „
über 4	„	22 335 940 „

Diese Beihilfen der Versicherungsanstalten zur Besserung der Wohnungsverhältnisse der Minderbemittelten sind nunmehr noch durch die Angestellten-Versicherung durch die Möglichkeit von Darlehen an Gemeinden (vgl. oben S. 76), zur Förderung des Kleinwohnungswesens und zum Bau von Heilanstalten vermehrt worden. Sie alle kommen der öffentlichen Verwaltung zugute, die sich immer mehr auch um die Fürsorge für befriedigende Wohngelegenheiten ihrer Einwohnerschaft kümmern muß.

Noch unmittelbarer profitieren die Gemeinden durch die vorstehend unter 3 erwähnten Gelder, die die Versicherungsanstalten für allgemeine Wohlfahrtszwecke zur Verfügung stellen. Hierbei kommen auch in Betracht Darlehen zum Bau von Gas- und Elektrizitätswerken, Lokal- und Straßenbahnen, Feuerlöscheinrichtungen, Straßen-, Kanal-, Hafen-, Brücken-, Damm- und Uferschutzbauten, für Flußregulierungen, Erwerbung von Wasserrechten, Beseitigung von Hochwasserschäden, für den Bau von Talsperren, für Stadterweiterungen und für Grunderwerb zwecks späterer Bebauung oder Anlegung öffentlicher Plätze sowie zur Förderung des Gewerbes und der Industrie; ferner Darlehen zum Bau von Kirchen, kirchlichen Gemeindehäusern, christlichen Vereins- und Versammlungshäusern, zur Einrichtung von Arbeiterkonsumvereinen, Konsumvereinsbäckereien, Gemeindebackhäusern und Gemeindeschmieden. Weiter kommen vor Darlehen zur Errichtung von Heimen für Gemeindeschwestern, Lehrerinnen, Arbeiter und Arbeiterinnen, Seeleute, für Volks- und Jugendheime, Kleinkinderbewahranstalten, für Taubstummen- und Blindenanstalten, Waisen- und Armenhäuser, gemeindliche Anstalten zur Beschäftigung brotlos gewordener Arbeiter, Arbeiterkolonien, Wanderarbeitsstätten, Volksküchen, für Asyle aller Art.

Ferner sind zu nennen die Zuschüsse, die die Versicherungsträger zahlreichen Vereinen zur Bekämpfung der Tuberkulose, des Alkoholismus, der Geschlechtskrankheiten, des Lupus bewilligen, sowie die Unterstützungen, die sie einer geordneten Krankenpflege auf dem Land angedeihen lassen, wodurch ebenfalls dem öffentlichen Haushalt Erleichterungen zuteil werden.

Der Gesamtaufwand für diese Maßnahmen betrug 1912 1 102 882 ℳ. Davon entfielen allein auf die Gemeindekrankenpflege 419 823 ℳ. Mit dieser Summe wurden in 2888 Fällen Beihilfen an Frauenvereine, Krankenpflegestationen, Stadtgemeinden, Amtsbezirke, Gutsvorstände, Kirchengemeinden geleistet. Hierdurch wurde ermöglicht, daß weite Landgebiete mit Gemeindepflegestationen, die von Krankenschwestern oder von in der Krankenpflege ausgebildeten Personen geleitet werden, ferner mit Wanderkörben für Wöchnerinnen usw. ausgestattet werden. Sodann verdient noch Erwähnung, daß eine Versicherungsanstalt (Westfalen) eine Summe von 42 Mill. ℳ im Jahre 1913 der Landesbank der Provinz Westfalen überwies, die satzungsgemäß Darlehen zu 3½ bis 4% insbesondere an Gemeindeverbände, Kirchen- und Schulgemeinden, gemeinnützige Anstalten, Körperschaften und Genossenschaften, gewerbliche Unternehmer, städtische und ländliche Grundbesitzer hergibt.

Die geschilderte Entwicklung, die in so vielfältiger Weise dem öffentlichen Haushalt, vor allem dem der Kommunen Erleichterung und Entlastung bringt, wird durch die neue Reichsversicherungsordnung noch wesentlich gefördert. Ebenso wird die vom Versicherungsgesetz für Angestellte bewirkte Mehrbelastung des staatlichen und kommunalen Haushalts teilweise ausgeglichen durch eine geringere Inanspruchnahme ihrer Unterstützungsfonds sowie infolge der gesetzlichen Fürsorge und Übernahme der Kosten des Heilverfahrens durch die Reichsversicherungsanstalt. Auch ist von Bedeutung, daß, wie erwähnt, diese Reichsanstalt zur Förderung des Kleinwohnungswesens und zum Bau von Heilanstalten ebenfalls Mittel zur Verfügung stellen kann. Infolgedessen können Reich, Staat und Kommunen auf dem Gebiet ihrer eigentlichen Verwaltungsaufgaben ihre Wirksamkeit um so intensiver gestalten und sie anderen sozialen Aufgaben zuwenden.

V. Wirkung auf das Budget der Gesamtheit.

A.

Was eben über die durch die Arbeiterversicherung unmittelbar und mittelbar veranlaßte Belastung von Reich, Staat und Kommunen ausgeführt worden ist, bedingte einen erhöhten Aufwand des öffentlichen Haushalts für soziale Zwecke, bedingte zur Befriedigung dieses Aufwandes eine höhere Besteuerung des Volkes. Es sind mit anderen Worten nicht bloß die Arbeiter und Arbeitgeber, sondern außerdem die Gesamtheit der steuerbaren Bevölkerung durch die Arbeiterversicherung belastet.

Wieviel freilich von den überhaupt zur Erhebung gelangenden direkten und indirekten Steuern zur Deckung des vom öffentlichen Haushalt gemachten Arbeiterversicherungsaufwands dienen, wie hoch sich mit anderen Worten die speziell durch die Arbeiterversicherung veranlaßte steuerliche Belastung der Allgemeinheit stellt, ist nach dem derzeitigen Stand der Finanzstatistik ziffermäßig nicht anzugeben.

Aber zu diesen öffentlichen Abgaben und Steuern kommen noch für viele eine Reihe freiwilliger Wohltätigkeitssteuern. Denn die Sozialgesetzgebung hat bei der ganzen Gesellschaft, namentlich bei den besser gestellten Klassen, das soziale Gewissen und zugleich das Auge für das Notwendige und Erreichbare geschärft. Wir sind mehr und mehr sozial geworden. Demgemäß ist man vielfach bestrebt, die von der sozialen Gesetzgebung eingeleitete Fürsorgetätigkeit fortzuführen.

Mannigfaltige Wege haben zu dem Zweck Selbsthilfe und Privatwohlfahrtspflege eingeschlagen. Besondere Vereine setzen sich zur Aufgabe, die von der Arbeiterversicherung gewährten Leistungen für die einzelnen Beteiligten zu ergänzen und sie noch weiteren Kreisen zugänglich zu machen. Andere Vereine freiwilliger Liebestätigkeit unternehmen pioniermäßig die vielseitigsten Versuche auf sozialpolitischem und sozial-hygienischem Neuland — ich nenne nur beispielsweise die Walderholungsstätten, die Landkolonien für Unfallverletzte und Invalide — und dieses wird dann auf Grund der erzielten Erfolge von andern (Staat, Gemeinde, sonstige Selbstverwaltungskörper, Private) weiter beackert.

Wenn diese Privatwohlfahrtspflege gerade in den letzten Jahrzehnten eine kräftige Entwicklung aufweist, so liegt dies wesentlich mit daran, daß die Versicherungsträger mit ihrer Erfahrung, ihrem Menschenmaterial und ihren Finanzen die verschiedenen Bestrebungen wirksam unterstützen. Kaum eine Wohlfahrtseinrichtung tritt jetzt ins Leben, für die nicht ein Darlehen des örtlich zuständigen Versicherungsträgers der Invalidenversicherung begehrt und meist auch bewilligt wird, für die nicht die Mitarbeit der Krankenkassen oder Berufsgenossenschaften in Anspruch genommen wird. Aber auch nach der ideellen Seite empfängt der Gemeinsinn von der Arbeiterversicherung vielfach große Anregung. Häufig sind es gerade die Gedanken und Ziele der Arbeiterversicherung, die von der freiwilligen Liebestätigkeit fortgebildet und ausgestaltet werden. Es werden in Anlehnung an die Arbeiterversicherung Wohlfahrtseinrichtungen geschaffen im besten, modernsten Sinne des Wortes, nach Verfassung und nach Leistung. Kein System des Patriarchalismus, vielmehr eine Arbeitsgemeinschaft von verschiedenen sozialen Gruppen; die einen von ihnen stellen ihre Arbeitskraft, ihre geschäftlichen Erfahrungen, ihre persönlichen Beziehungen in den Dienst der guten Sache und bringen persönliche wie materielle Opfer, aber auch die anderen Gruppen, denen die Einrichtung zugute kommt, sind an ihrer Schaffung und Verwaltung recht stark mitbeteiligt. Kein Almosen, sondern Selbstfürsorge in Verkörperung und weiterer Entfaltung der in der Arbeiterversicherung inaugurierten großen sozialen Gedanken!

All die hier in Betracht kommenden Vereine sind bemüht, den unteren Klassen eine rationellere, bessere Lebenshaltung materieller und geistiger Art zu ermöglichen, ihnen die Anerkennung der sittlichen, sozialen Gleichberechtigung zu verschaffen, überhaupt ihnen das Hineinwachsen in den Bedürfniskreis, die Denkweise, das Seelenleben der mittleren Klassen zu erleichtern.

Die Fürsorge für die Schwachen geht dabei Hand in Hand mit der Fürsorge für die Gesunden, für die Weiterentwicklung der gesunden Bestandteile der Bevölkerung. Man ist bei diesem, neuerdings auch von der Rassenhygiene und Biologie in den Vordergrund gerückten Zweig der Wohlfahrtspflege im Interesse der Dauer unserer Art, im Interesse der Zukunft unserer Nation darauf bedacht — um die Worte des jetzigen Reichskanzlers zu gebrauchen —, ein in der Hygiene nicht vernachlässigtes und verzärteltes, sondern ein körperlich derbes, den Unbilden der Arbeit und des Lebens gewachsenes Geschlecht heranzuziehen und in diesem corpus sanum eine mens sana zu schaffen, d. h. einen Geist, in dem das Bildungsbedürfnis nicht mit der letzten Klasse der Volksschule abschließt, in dem die Heranbildung nationaler Charakterstärke selbstverständliche Lebensaufgabe ist und in welchem der für jeden notwendige und bei jedem berechtigte Drang nach Lebenslust und Lebensfreude in den Veredelungen der Vergnügungen nicht einen Abbruch sondern einen Zuwachs erblickt.

Auch beschränkt sich diese Wohlfahrtspflege nicht mehr bloß auf die unteren Klassen, sondern erstreckt sich auch auf Kreise des **Mittelstandes**, der von der Sozialversicherung nur teilweise berührt wird, in der Erkenntnis, daß hier eine soziale Not materieller und immaterieller Art stellenweise nicht geringer ist als innerhalb der Arbeiterschaft. Ich erinnere nur an die rege Tätigkeit der seit einigen Jahren bestehenden Kommission über die Tuberkulosefürsorge im Mittelstand.[66]) Auf ihre Anregung wurden bereits eine

[66]) Vgl. Geschäftsbericht des Deutschen Zentralkomitees zur Bekämpfung der Tuberkulose 1914 S. I 158 ff.

Reihe von Auskunftsstellen für die Tuberkulosefürsorge im Mittelstand eingerichtet und entstanden Selbsthilfe-Organisationen wie die Tuberkulosestiftung des Deutschen Lehrervereins, der Tuberkulosefonds beim Verband deutscher Beamtenvereine, die Tuberkuloseorganisation des Verbandes mittlerer Reichs-Post- und Telegraphenbeamten. Mit ihrer Unterstützung wurde das 1. Handwerker Tuberkuloseheim bei Cassel gegründet und wurden zwecks Aufnahme in Heilstätten besondere Preisermäßigungen oder die Bereitstellung von besonderen Mittelstandssanatorien unter günstigen Bedingungen erzielt. Auch mehren sich die Stiftungen von Bürgerheimen mit dem Zweck, gegen geringe monatliche Vergütung Unterkunft und Verpflegung alten oder erwerbsunfähigen Bürgern (und Bürgerinnen) zu ermöglichen, die zwar nicht verarmt sind, aber auch nicht über so viele Einkünfte verfügen, daß sie an ihrem Lebensabend ohne fremde Hilfe damit auskommen können.

Endlich hat die bei der Durchführung der Arbeiterversicherung so deutlich gewordene Tatsache, daß durch Konsolidierung der fürsorgenden Kräfte viel umfassendere und wirksamere Arbeit in der Wohlfahrtspflege geleistet werden kann, eine Annäherung und einen Zusammenschluß der verschiedenen Vereinigungen in die Wege geleitet. Bisher arbeiteten zahlreiche Wohlfahrtseinrichtungen, mit denen Selbst- und Privathilfe den wirtschaftlich Schwachen und Notleidenden zu helfen suchen, jede für sich, dies bewirkte nicht selten eine Zersplitterung des Wohlfahrtsdienstes, eine gegenseitige Durchkreuzung der Erfolge, eine Verzettelung und Vergeudung von Mitteln wegen zu geringer gegenseitiger Fühlungnahme der Organe der Wohlfahrtspflege. Auch pflegten Unterstützungen einem nicht kleinen Kreis von Hilfsbedürftigen nicht zugute zu kommen, der aus Familien oder vereinsamten Personen besteht, die bessere Tage gesehen oder doch einst ein bescheidenes Auskommen hatten, die aber, durch die Ungunst der Verhältnisse in Not geraten, vor dem Zusammenbruch stehen. Mit Rücksicht darauf sind erfreulicherweise Zentralstellen für soziale Arbeit gegründet worden, die gewisse gemeinsame Interessen der einzelnen Vereine einheitlich wahrnehmen und ihnen so Zeit, Arbeitskräfte und finanzielle Mittel ersparen. Auch der auf Veranlassung der deutschen Kronprinzessin für ganz Preußen im Jahre 1913 ins Leben gerufene Verband „Cäcilienhilfe“ ist hier zu nennen, er bringt ebenfalls einen wünschenswerten Zusammenschluß zu planmäßiger, einheitlicher Wirksamkeit an Stelle der vielfach herrschenden Zersplitterung — zum Besten der Bedürftigen. Dem gleichen Zweck dient das Zusammenarbeiten der Berufsgenossenschaften mit den Organen des Roten Kreuzes.[67])

---

[67]) Vgl. *Dr. Kaufmann*, Zusammenwirken der gewerblichen Berufsgenossenschaften mit dem Roten Kreuz auf dem Gebiet der ersten Hilfe. Berlin 1913. — *F. Zahn*, Volkswirtschaft und Volkswohlfahrt, Geleitwort zu der Schrift „Im Dienste der sozialen Hilfsarbeit“, herausgegeben vom Institut für soziale Arbeit München. München 1912 S. 8.

So hat die Liebestätigkeit und Gemeinnützigkeit sich in der Neuzeit in einer Vielseitigkeit entfaltet, wie dies ohne Grundlage der sozialen Gesetzgebung und ihren Einfluß nach der materiellen und ideellen Seite schwerlich der Fall gewesen wäre. Neu angeregt und belebt übt der humanitäre Gedanke, der Geist des sozialen Empfindens jetzt allenthalben werbende Kraft und führt zu wirksamer Hilfe.

B.

Den Ausgaben, die auf diese Weise für soziale Zwecke freiwillig und durch gesetzlichen Zwang gemacht werden, stehen aber wichtige Vorteile für die Gesamtheit gegenüber.

Je kräftiger und leistungsfähiger die unteren Klassen sind, um so mehr profitiert davon unsere soziale Gesamtkraft, das Gesamtniveau, die wirtschaftliche Gesamtleistung der Nation. Nichts fördert — so präzisierte gelegentlich Staatssekretär Delbrück die allgemeine Meinung — die wirtschaftliche und moralische, die technische und sittliche Leistungsfähigkeit des Volkes mehr als eine gesicherte und gute Position weiterer Klassen der erwerbstätigen Bevölkerung. Darum versteht es sich von selbst, daß unser Volk, wie es reicher, einsichtsvoller und auch anspruchsvoller geworden, gleichzeitig im Unglück, in der Not des Einzelnen höhere Ansprüche auf Unterstützung und Hilfe gelten läßt, und daß es diese durch eine fortgeschrittene Sozialpolitik und Wohlfahrtspflege zu befriedigen, zugleich den Ursachen der hauptsächlichsten Schädlinge im Arbeiterleben vorzubeugen sucht. Diese soziale Fürsorge ist der großen Menge ein unerläßliches Äquivalent für die durch die Konzentrationstendenzen von Gewerbe und Handel bewirkte Verringerung einer Aussicht auf Selbständigkeit; im Gegensatz zu früher ist vielen die Arbeit keineswegs mehr Vorbereitung auf das Aufsteigen in die Selbständigkeit, sondern zeitlebens Arbeit im Dienste eines andern. Die soziale Fürsorge bewirkte nicht nur starke Sicherungen gegen ein Herabsinken der unteren Schichten unter ein gewisses Niveau, sondern die Stabilisierung eines möglichst hohen untersten wirtschaftlichen, auch geistigen und sittlichen Niveaus;[68]) auf dieser gefestigten und verfeinerten Basis kann sich das Volk in harmonischer Weise von unten nach oben verjüngen, ist auch eine verfeinerte Struktur der oberen Schichten ermöglicht.[69]) Die Stärke besteht ja nicht allein in physischer Kraftansammlung, sie hat ihre Quelle ebenso in geistigen und sittlichen Eigenschaften. Was schon vor 100 Jahren die Potsdamer Regierung echt staatsmännisch sagte: „Die Menschenkultur ist auf

---

68) „Nur in dem stetig wachsenden Anteil der Arbeiter an dem Ergebnis des Zusammenwirkens von Intelligenz, Kapital und Arbeit ist die Lösung der so unendliche Schwierigkeiten bietenden sozialen Frage zu erblicken. *H. A. Bueck*, Tag vom 15. Februar 1912.

69) *Berthold Thorsch*, Soziale Entwicklung und Umbildung der Volkswirtschaft. 1914.

jeden Fall noch wichtiger und notwendiger, ja für den Staat noch ersprießlicher als selbst die Erhöhung der Industrie und des äußeren Wohlstandes, der noch dazu nur durch jene wahrhaft und dauernd gesichert werden kann," gilt heute noch mehr als damals. Menschenkultur ist und bleibt ganz wesentliche Voraussetzung für den wirtschaftlichen und politischen Aufstieg sowie für nachhaltigen Wohlstand der Nation.

Wer in alledem eine aufkeimende Verweichlichung und überflüssige humanitäre Schwärmerei im Zusammenhang mit der Arbeiterversicherung zu finden glaubt, übersieht das volkswirtschaftlich wichtige Moment, daß der größte Teil der im Beruf zu Schaden gekommenen Arbeitskräfte dank der rationellen Pflege der Arbeiterversicherung nicht bloß geheilt, sondern wieder arbeitsfähig gemacht wird. Wiedererlangung der Gesundheit und Arbeitsfähigkeit bedeutet aber für jeden einen wirtschaftlichen Gewinn, namentlich aber für die minderbegüterten Klassen, die für die Unterhaltung ihres materiellen Lebensbedarfes ausschließlich auf das, was Hand und Kopf erarbeiten und verdienen, angewiesen sind; sie schließt hohe nationalökonomische Werte in sich. Schon um deswillen lohnen sich die dafür verwendeten Mittel vom Standpunkt des Gesamtinteresses reichlich. Soweit aber dem verbliebenen Rest von dauernden Unfall- und Invalidenrentnern als Arbeitsinvaliden wenigstens die Lebensnotdurft gesichert ist, erfüllt die Nation eine gleiche Ehrenpflicht, wie bei Versorgung der Kriegsinvaliden. Auch liegen genügend Anzeichen dafür vor, daß der Sinn für Selbsthilfe in unserer Arbeiterschaft durch die Wohltaten der Arbeiterversicherung nicht erstickt wurde. Man braucht sich bloß die neueste Ausdehnung der Volksversicherung zu vergegenwärtigen: 1913 wurden

von der sozialdemokratisch organisierten Volksfürsorge 74 644 Versicherungsverträge mit 13,2 Mill. ℳ,

bei der öffentlich-rechtlichen Volksversicherung 14 000 Versicherungsverträge mit 7 ½ Mill. ℳ,

bei der Deutschen Volksversicherung, A.-G., 10 535 Versicherungsverträge mit 3,3 Mill. ℳ

abgeschlossen. Überhaupt ist seit Bestehen der Sozialversicherung bei der Privatversicherung keinerlei Rückgang, sondern noch eine stärkere weitere Ausdehnung zu konstatieren.[70]) (Siehe S. 94.)

Was aber von besonderer Wichtigkeit ist, die soziale Fürsorge dient dem vornehmsten, fundamentalsten Wert des Volkskörpers, dem organischen Nationalkapital, der Gesundheit des ganzen Volkes, seiner wirtschaftlichen Leistungsfähigkeit, seiner Wehrkraft und der Gesundheit des Nachwuchses. Die Arbeiterversicherung zusammen mit dem Arbeiterschutz wirkt im Sinne einer Prophylaxe der

---

[70]) *H. Potthoff*, Schriften des Vereins für Sozialpolitik Bd. 137 S. 349. — *Manes*, Deutschlands weltwirtschaftlicher Aufschwung und seine Versicherung a. a. O. — *Stier-Somlo*, Grenzen der Sozialversicherung. Zeitschrift „Die Betriebskrankenkasse" vom 25. Mai 1914.

Tabelle XXIII.

Umfang der Privatversicherung.[1])

Versicherungszweig	Zahl der Versicherungsverträge in Millionen	Versicherte Summe in Millionen *M*		Gesamte jährliche Einnahme in Millionen *M*		
		Kapital	Jahresrente	1913	1910	1900
1. Lebensversicherung[2])	11,4	12 514	65	759	759	413
2. Feuerversicherung	11,7	120 795	—	158	} 186	120
3. Andere Sachschadenversicherung	1,5	15 347	—	21		
4. Viehversicherung	4,0	1 000	—	15	} 42	33
5. Hagelversicherung	0,5	3 300	—	27		
6. Unfallversicherung	1,1	—	—	} 102	} 102	47
7. Haftpflichtversicherung	2,1	—	—			
8. Transportversicherung	?	?	—	98	98	60
I. Geschäftliche Versicherung .	32	—	—	1 180	1 187	673
9. Öffentliche Lebensversicherung .	0,01	35	—	2	—	—
10. Öffentliche Feuerversicherung .	6,0	75 600	—	104	104	78
II. Öffentliche Versicherung . .	6	75 635	—	106	104	78
11. Reichsinvalidenversicherung[3]) .	16,0	—	2 832	306	306	186
	—	—	—	+67		
12. Reichsunfallversicherung . . .	28,0	—	3 490	219	219	110
13. Reichskrankenversicherung[3]) . .	13,0	—	—	382	383	178
	+5,0	—	—	+60		
14. Knappschaftskassen	1,0	—	215	122	122	55
15. Angestelltenversicherung[3]) . . .	+2,0	—	+500	+200	—	—
III. Soziale Versicherung . . .	58	—	—	1 029	1 030	529
	+7	—	—	+327		
I.—III. Gesamtsumme	103	—	—	2 642	2 321	1 280

[1]) Vgl. *H. Potthoff*, Schriften des Vereins für Sozialpolitik Bd. 137 S. 349 und 356.
[2]) Darunter 1 Million Zeitungsabonnentenversicherung.
[3]) Der Zuwachs durch die Reichsversicherungsordnung ist in der Unterzeile ersichtlich gemacht.

Entartung des Volkes, indem die kinderreichste Volksschicht, die Arbeiterschaft, auf solide gesunde Basis gestellt wird. Hierdurch werden auch die Interessen der gesamten Lebenskraft des Volkes sowie der nationalen Wehrkraft, welche durch die zunehmende Industrialisierung und Verstadtlichung gefährdet sind, einigermaßen gewahrt und pfleglich weiter entwickelt. Zugleich vermag das so ertüchtigte Volk entsprechend seiner erhöhten sozialen Homogenität die ganze Kraft für seine politische Größe einzusetzen. Und diese Wirkung ist von der neuen Reichsversicherungsordnung mit ihrer Ausdehnung des Kreises der Versicherten, mit der Erweiterung ihrer Leistungen, mit der durchgreifenden Zusammenfassung der Einzelkräfte in einheitlicheren leistungsfähigeren Organisationen sowie vom Versicherungsgesetz für Angestellte vom 20. Dezember 1911 in noch verstärktem Maße zu erwarten.

Schluß.

Wie aus dem Dargelegten hervorgeht, läßt sich die Frage der ziffermäßigen Belastung des Arbeiters, des Arbeitgebers, des öffentlichen Haushalts, der Allgemeinheit durch die Sozialversicherung exakt nicht beantworten. Ebensowenig lassen sich auch die Aktiva, welche die Sozialversicherung bewirkt hat, ziffermäßig angeben und der Belastung gegenüberstellen. Und doch ist erst durch eine solche Gegenüberstellung ein richtiges Bild von der wirklichen Belastung, d. h. von der Nettobelastung nach Abzug der kompensierenden Vorteile möglich.

Es bestehen eben auf beiden Seiten der Bilanz eine Reihe inkommensurabler Größen, welche sich auf Gesundheit, körperliche und geistige Leistungsfähigkeit, auf die Grundlagen der Wohlfahrt des einzelnen und der Gesamtheit beziehen, — Größen, welche Güter von höchstem Vermögenswert sind, aber sich in ziffermäßigen Werten nicht abschätzen lassen.

Immerhin dürfte alles, was über die Lasten der Arbeiterversicherung und über die von ihr gebrachten Vorteile ausgeführt worden ist, das Urteil rechtfertigen, daß die Lasten der Arbeiterversicherung weniger als Lasten, sondern vielmehr als notwendige und zugleich reproduktive, sich sehr lohnende Spesen unserer Volkswirtschaft zu bewerten sind.[71]) Wie bei der Gesundheitspflege, dem Schulwesen, Armenwesen, so handelt es sich auch hier um hervorragende Bestandteile moderner Wohlfahrtspflege, dazu bestimmt, die im Volk vorhandenen und zum Teil noch schlummernden Kräfte zu erhalten und zu wecken, sowie für den Dienst des Staatsganzen zu gewinnen und so die Volkswirtschaft und den Volkswohlstand im Reiche durch pflegliche Behandlung und Steigerung unserer wirtschaftlichen Leistungsfähigkeit zu fördern. Die Arbeiterversicherung und die mit ihr inaugurierte moderne Sozialpolitik und Sozialhygiene ist keine bloße Belastung der Produktion. Sie ist außerdem[72]) Meliorierung der Produktion selber. Sie ist technische Voraussetzung der wirtschaftlichen Produktivitätssteigerung (in noch weit größerem Maße als Verbesserung und Vermehrung von Maschinen). Sie ist biotechnische Sicherung der Gemeinschaft. Sie ist integrierender Bestandteil der gesamten Nationalwirtschaft.

Auf der Höhe staatsmännischen Horizonts erscheint als oberstes Ziel nicht Reichtum und Tüchtigkeit Weniger, sondern größte physische, materielle und moralische Kraft der Massen. Nur ein Volk mit

---

[71]) In diesem Sinne erging auch eine Resolution des Deutschen Ortskrankenkassentags zu Breslau am 18. August 1913.

[72]) Vgl. *H. Potthoff*, „Tag“ vom 26. November 1910 und namentlich *R. Goldscheid*, Höherentwicklung und Menschenökonomie, Leipzig 1911 S. 498 ff.

respektabler absoluter Volkszahl, mit besternährten, organisch gepflegten Individuen, stark vertretenen jugendlichen Energien entfaltet auch die höchste Leistungsfähigkeit, die größte Reproduktionskraft, die nachhaltigste Konkurrenzfähigkeit. Darum erscheint das Volk, die Volkskraft als kostbarstes Gut der Nation,[73]) als das organische Nationalkapital, das in weitem Umfang den Mutterboden der Kultur und der wirtschaftlichen Produktivität darstellt. Dies gilt noch mehr als früher in der Gegenwart, wo im Zeichen der fortschreitenden Industrialisierung und Verstadtlichung der Bevölkerung der Mensch selber immer mehr zur Produktionsquelle, zur Mehrwertquelle wird, wo er infolgedessen immer höhere Einschätzung erfordert; die Erscheinung des allgemeinen Geburtenrückgangs bestärkt noch weiter in dieser Auffassung.

Die Verwertung und Entwicklung unserer Volkskraft darf demgemäß nicht Raubbau sein. Sie muß mehr als je organisches Kapitalisieren sein. Es müssen aus dem Volkskapital neue Entwicklungswerte als Zins und Zinseszinsen herausgewirtschaftet werden ohne daß das Volkskapital in seinem inneren Werte angegriffen, beeinträchtigt wird. Darum muß unser Bestreben nicht so sehr auf Geld- als auf Kraftreserven gerichtet sein. Das Streben muß auf größte Reserven von körperlicher und geistiger Kraft, von physischer und sittlicher Gesundheit der Nation bedacht sein.

Diesem Postulat entspricht in hohem Maß die Arbeiterversicherung mit ihrer nicht bloß symptomatischen, sondern zugleich kausalen Therapie unserer Volkskraft. Die für ihre Zwecke ausgegebenen Summen rentieren sich reichlich als reproduktiv in der Hebung der Gesamtproduktion des Volkes und der einzelnen Produktion jedes Betriebes. Sie bilden ebenso wie die militärischen Rüstungsausgaben, welche zur Sicherung der heimischen Wirtschaft gegen Bedrohung von außen getragen werden, eine nationale Versicherungsprämie und lohnen sich als solche reichlich im wohlverstandenen Interesse der physischen, geistigen und sittlichen Gesunderhaltung der Produktivkraft im Innern des Landes, im Interesse einer gesicherten, erfolgreichen Betätigung derselben im Inland wie im weltwirtschaftlichen Betriebe, im Interesse der nationalen Zukunft.

Dieser Gedanke setzt sich auch im Ausland mehr und mehr durch. Den gleichen Bedürfnissen entsprechen gleiche Hilfsmittel. Es handelt sich dabei nicht bloß um rein nationale Erwägungen. Vielmehr sind — wie der englische Schatzkanzler *Lloyd George*[74]) sehr

---

[73]) Ziffermäßig formuliert *H. Losch* diesen Gedanken in dem Artikel „Lebendes und totes Volksvermögen" (Allg. Statistisches Archiv 1914 Heft 2). Unter Zugrundelegung eines durchschnittlichen Kostenwertes von 15000 *M* für den jetzt lebenden Deutschen berechnet er das deutsche Personenvermögen auf 1000 Milliarden Mark gegenüber 300 Milliarden Mark Sachvermögen, so daß die volkswirtschaftliche Gesamtkraft des deutschen Volkes 1300 Milliarden Mark repräsentiert.

[74]) Vgl. *H. A. Walter*, Die neuere englische Sozialpolitik. München 1914 S. XIII.

treffend sagt — die ausgedehnten wechselseitigen Beziehungen unter den Kulturvölkern, ihre gemeinsamen kaufmännischen Interessen und intellektuellen Ziele, nicht zum wenigsten die wachsende Solidarität der Arbeit, deren geistiger Horizont nicht mehr durch Land, Rasse oder auch Religion beschränkt wird, immer zwingenderer Anlaß für die moderne Staatskunst, diese Probleme der Gesellschaft als international und universal nach ihrem Charakter und ihrer Bedeutung zu betrachten. Darum ist auch die Sozialversicherung auf bestem internationalen Marsch. Die Skepsis, mit der der deutsche Versuch jahrelang im Ausland beurteilt wurde, wandelt sich immer mehr in Anerkennung und Nachahmung, der Gedanke sozialer Zwangsversicherung verdrängt immer mehr die da und dort noch bestehende freiwillige Versicherung.

So gibt es zurzeit[75]) Zwangs-Krankenversicherungen außer in Deutschland in Österreich, Ungarn, Italien, Frankreich, Belgien, Großbritannien, Norwegen, Luxemburg, Serbien, Rumänien und Rußland. Eine Zwangsunfallversicherung haben außer Deutschland Österreich, Ungarn, Italien, Portugal, Frankreich, Norwegen, Dänemark, Finnland, die Niederlande, Luxemburg, die Schweiz, Serbien, Griechenland, Rumänien und Rußland. Eine Zwangs-Invaliden- und Altersversicherung bestehen außer in Deutschland in Österreich, Ungarn, Frankreich, Belgien, Großbritannien, Schweden, Luxemburg, Griechenland, Rumänien. Daneben hat eine Hinterbliebenenversicherung Deutschland, Österreich, Ungarn, Frankreich und Griechenland.

Die freiwillige Versicherung ist in den meisten Staaten neben der Zwangsversicherung für bestimmte nicht versicherungspflichtige Berufsklassen eingeführt. — Eine ausschließlich freiwillige Krankenversicherung besteht in Schweden, Dänemark, Finnland, Spanien, in den Niederlanden und in der Schweiz. Eine ausschließlich freiwillige Unfallversicherung haben Belgien, Großbritannien, Schweden und Spanien. Eine ausschließlich freiwillige Invaliden- und Altersversicherung existiert in Italien, Finnland, Spanien und Serbien, das auch eine freiwillige Hinterbliebenenversicherung hat.

Norwegen, Dänemark, die Niederlande, die Schweiz und Rußland haben zurzeit noch keine allgemeine Invaliden-, Alters- und Hinterbliebenenversicherung. Doch sind hier vielfach Reformbestrebungen auf Einführung der Zwangsversicherung im Gang. Ebenso steht in den Vereinigten Staaten von Amerika der Plan einer Arbeiterversicherung stark im Vordergrund des Interesses.

Besondere Angestelltenversicherung haben außer Deutschland auch Österreich und Serbien. — Außerdem bestehen eine Reihe von Verträgen zwischen europäischen Staaten auf dem Gebiet der Arbeiterversicherung.

Mit der zunehmenden Assimilierung der Sozialpolitik der Kulturstaaten im Wege des Weltarbeiterversicherungsrechts wird ein wichtiger Schritt im Interesse des so kostbaren Volks- und Völkerkapitals vorwärts getan: An Stelle des bisherigen Raubbaus mit der menschlichen Arbeitskraft erfolgt immer mehr eine Stärkung dieser Produktions- und Reproduktionskraft, eine pflegliche Entwicklung des Volkskapitals. Dadurch erfahren aber nicht bloß die sozialen Lasten, sondern auch die sozialen Vorteile und die ganze Kulturbilanz eine erwünschte internationale Annäherung.

---

[75]) Reichsarbeitsblatt 1913 S. 620 ff. — Statistisches Jahrbuch für das Deutsche Reich 1914 S. 74* ff. — *P. Moldenhauer*, Internationale Fortschritte der Sozialversicherung. Hannover 1914.

Nachtrag.[1])

Die deutsche Sozialversicherung und der jetzige Krieg.

Wenige Wochen nach Abschluß obigen Referats wurde das Deutsche Reich in einen Weltkrieg verwickelt. Aber trotz einer Welt von Feinden ringsum hat es sich bisher siegreich behauptet. Die erzielten Erfolge verdankt es in erster Linie seiner militärischen Rüstung, daneben aber auch seiner wirtschaftlichen, finanziellen, geistigen sowie sozialen Rüstung.

Die Sozialversicherung hat zu dieser starken Rüstung in hervorragendem Maße beigetragen. Obschon ihre Organisation und Wirksamkeit ganz und gar auf den Frieden gestellt war, bewährte sie sich schon bei unserer Kriegsvorsorge und ist jetzt ein wesentlicher Faktor unserer Kriegsfürsorge.

I.

Für die Kriegsvorsorge, für die Kriegsbereitschaft war vor allem der nachhaltige Einfluß bedeutungsvoll, den die Arbeiterversicherung seit Jahrzehnten auf die Gesundheit und Gesundung der Massen geübt hat durch Heilung der Erkrankten und Verletzten, durch Bekämpfung der Krankheits-, Unfalls- und Invaliditätsursachen sowie durch hygienische Schulung der Versicherten und ihrer Angehörigen. Jede hiedurch wiedergewonnene und erhaltene Arbeitskraft erhöhte unser organisches Nationalkapital und kam direkt oder indirekt unserer Wehrkraft zustatten. Überhaupt hat Arbeiterversicherung wie Arbeiterschutz durch den Ausgleich, den sie gegenüber den mit unserer industriellen Entwicklung verbundenen Nachteilen brachte, die Gefahr einer Verelendung der Massen ferngehalten und vielmehr unser Volk für die Friedens- wie auch für die Kriegsarbeit wesentlich ertüchtigt.

Ebenso wertvoll für die Bedürfnisse des Kriegs erwies sich die von der Arbeiterversicherung bewirkte Ausbildung eines umfassenden ärztlichen Dienstes, insbesondere auch auf dem Gebiete der Unfallheilkunde, der Verletztenbehandlung usw., und die Ausgestaltung eines weit verzweigten trefflich ausgestatteten Krankenhauswesens. Viele Landesversicherungsanstalten, Berufsgenossenschaften, eine Reihe von Krankenkassen und die Reichsversicherungsanstalt für Angestellte haben — bei ausreichender Wahrung der Interessen der Versicherten — ihre Krankenhäuser, Heilstätten, zum

[1]) Vgl. *Dr. Kaufmann*, Präsident des Reichs-Versicherungsamts, Die Arbeiterfürsorge — eine Quelle deutscher Kriegsbereitschaft. Monatsblätter für Arbeiterversicherung vom 17. Oktober 1914. — Kriegsmaßnahmen in der Arbeiterversicherung, ebenda S. 134. — Ferner Amtliche Nachrichten des Versicherungsamts 1914 S. 613/617, 627/631, 663/665 und 684. — Reichstagsdrucksachen 1914 II. Session Nr. 26 betr. Denkschrift über wirtschaftliche Maßnahmen aus Anlaß des Kriegs.

Teil auch Lungenheilstätten mit vielen tausend Betten[2]) der Kriegssanitätsverwaltung zur Unterbringung von Verwundeten zur Verfügung gestellt.

Beispielsweise tat dies die Allgemeine Ortskrankenkasse Berlin mit ihrer Lungenheilstätte Müllrose. Die Knappschaftsberufsgenossenschaft hat ihre Unfall- und Nervenheilanstalten Bergmannswohl zu Schkeuditz mit 100 Betten, das Krankenhaus der Sektion II Bergmannsheil zu Bochum mit 200 Betten, das Krankenhaus Sektion IV Bergmannstrost zu Halle a. S. mit 70—80 Betten sowie die Räume der Zentralstelle für Grubenrettungswesen im Bezirk der Sektion VI zu Beuthen für den Bedarfsfall als Lazarett überlassen. Die Reichsversicherungsanstalt stellte das Sanatorium Fürstenberg mit 90 Betten und voller Verpflegung zur Verfügung. Die Landesversicherungsanstalt Berlin hat ihre Sanatorien zu einem Lazarett für 600 Verwundete dem Roten Kreuz überwiesen; von ihren Lungenheilstätten ist die Hälfte als Zentral-Sammelstelle und Lungenheilstätte für lungenkranke Soldaten eingerichtet. Bei einigen an den Grenzen in der Nähe der Schlachtfelder gelegenen Heilstätten konnten die Verwundeten dort unmittelbar vom Schlachtfeld aus Aufnahme finden. Im Oktober waren folgende Heilstätten und Genesungsheime der Versicherungsanstalten mit Verwundeten belegt:

Heilstätte	Versicherungsanstalt	Bettenzahl
Beelitz (Genesungsheim)	Berlin	350
Lanzigsee (Genesungsheim)	Pommern	60
Roderbirken (Heilstätte für Nervenkranke)	Rheinprovinz	300
Aachen (Rheumatiker-Heilstätte)		250
Wilhelmsheim (Lungenheilstätte)	Württemberg	177
Überruh (Lungenheilstätte)		200
Rötenbach (Genesungsheim)		70
Lorch (Genesungsheim)		53
Wildbach		90
Oderberg-Gebhardsheim (Lungenheilstätte)	Hansestädte	180
Glückauf (Lungenheilstätte)		127
Westerland (Genesungsheim)		84

Auch ansehnliche Summen leisteten dem Roten Kreuz die Träger der Sozialversicherung aus ihren Vermögensbeständen. Schon in den ersten Tagen des Kriegs ließen ihm die Landesversicherungsanstalten über 400 000 ℳ als ersten Beitrag zukommen. Die Summe hat sich bis Oktober auf 570 000 ℳ erhöht (darunter 280 000 ℳ zur Ausrüstung von Lazarettzügen und Krankenpflege). Außerdem sind 196 000 ℳ den Provinzial- und Landesvereinen des Roten Kreuzes zugeführt worden. Auch an der Beschaffung von warmer Unterkleidung für das Heer beteiligten sich — unter dem Gesichtspunkte zur Verhütung vorzeitiger Invalidität — die Versicherungsanstalten in der Weise, daß die Sachen tunlichst den Truppenteilen überwiesen

[2]) Im ganzen verfügten die Versicherungsträger i. J. 1913 über 184 Krankenhäuser (Sanatorien usw.) mit 20 710 Betten.

werden, die im Anstaltsbezirk ihre Standorte haben. Die Reichsversicherungsanstalt für Angestellte beschloß dem „Kriegsausschuß für warme Unterkleidung“ einen Geldbetrag von 1 Million ℳ zum Ankauf von Wollsachen zu überweisen und diesen Betrag eventuell noch zu erhöhen. Von den Berufsgenossenschaften haben einzelne — z. B. die Papierverarbeitungsberufsgenossenschaft (10 000 ℳ) — dadurch Gelder für das Rote Kreuz flüssig gemacht, daß sie diese in Form freiwilliger Beiträge durch eine Umlage aufbringen.

Aber nicht bloß für die physische Beschaffenheit unserer Truppen leistete die Sozialversicherung wichtige Dienste. Nicht minder tat sie dies für deren psychische und moralische Beschaffenheit. Im Zeichen der Arbeiterversicherung erwuchs eine körperlich wie auch geistig und moralisch gehobene Arbeiterschaft, eine Arbeiterschaft voll Vertrauen zum Gegenwartsstaat, mit klarer Erkenntnis dessen, was bei der jetzigen Gefährdung des Vaterlandes auch für sie auf dem Spiele steht, eine Arbeiterschaft mit starkem Nationalbewußtsein und Mitverantwortlichkeitsgefühl. Drum eilten freudig und opferbereit viele Hunderttausende[3]) unserer Arbeiterschaft bei der Mobilmachung zu den Fahnen, sie kämpfen draußen Seite an Seite mit Kameraden aus anderen sozialen und wirtschaftlichen Schichten und halten stramme Disziplin nicht aus dumpfem Gehorsam sondern aus eigenem Ehr- und Pflichtgefühl. Der sozial erzieherische und versöhnende Einfluß, den die Arbeiterversicherung unter den Arbeitern und im Verhältnis zwischen Arbeiter und Arbeitgeber seit langem pflegte, trug bei Kriegsausbruch so schöne Früchte, wie ein noch so optimistisch angelegter Sozialpolitiker sie kaum erwarten konnte. Nichts von Entnervung oder Verweichlichung, die mancher als unerwünschte Folgen der Sozialpolitik behauptet hatte, auch keine Spur von sozialen oder politischen Gegensätzen. Vielmehr ein einheitlicher Wille zur Abwehr des feindlichen Angriffs und zur Sicherung des Bestandes unseres Vaterlandes, das aus dem Kampf noch mächtiger hervorgehen soll, ein glühender opfermutiger Patriotismus beseelte das ganze Volk. Und derselbe Geist hat seitdem in glänzenden Proben von persönlichem Mut, rascher Initiative und Hintansetzen der eignen Person mit zu den großen Waffenerfolgen unserer Truppen geführt.

Unsere finanzielle Kriegsrüstung stärkten die Versicherungsträger einerseits durch Überweisung aller verfügbaren Barmittel an die Reichsbank, andrerseits durch namhafte Beteiligung an der Kriegsanleihe. So zeichneten die Berufsgenossenschaften nicht weniger als 35 Millionen, die Versicherungsanstalten 150 Millionen, die Reichsversicherungsanstalt für Angestellte 40 Millionen zur Kriegsanleihe, auch eine Reihe von Krankenkassen beteiligten sich daran.

---

[3]) Vergl. Statistik der freien Gewerkschaftsmitglieder, die zum Kriegsdienste eingezogen sind. Corresp.-Bl. der Generalkommission der Gewerkschaften Deutschlands 3. Oktober und 28. November 1914. — *Rud. Wissell*, Sozialmoral. Ebenda 17. Oktober 1914.

II.

Ganz besonders macht sich die Sozialversicherung um die soziale Kriegsfürsorge, um die Kriegswohlfahrtspflege während des Krieges verdient. Wie jüngst durch den Präsidenten des Reichsversicherungsamts *Dr. Kaufmann* autoritativ erklärt wurde, arbeiten die einzelnen Organisationen der Sozialversicherung in Erfüllung all der Ansprüche, die die Versicherten gegen sie haben, ungestört und sicher wie in Friedenszeiten weiter, sie tragen zugleich den durch den Krieg hervorgerufenen neuen Fürsorgebedürfnissen in vielfältiger Weise Rechnung.

Allerdings sind sie in ihren Einnahmen durch den Krieg beschränkt. Die Einnahmen sind vor allem durch die zu den Fahnen einberufenen Angestellten und Arbeiter und durch die dadurch ausbleibenden Beiträge vermindert. Z. B. stellt sich der Erlös aus Beitragsmarken der Invalidenversicherung im August, September, Oktober 1914 auf 17, 16, 18,7 Millionen, während er in den gleichen Monaten des Vorjahres 20, 22, 24,5 Millionen ausmachte. Die Beiträge zur Angestelltenversicherung betrugen in diesen drei Monaten 1914 29 Millionen gegen 34 Millionen des Vorjahrs und wären noch niedriger, wenn nicht viele Arbeitgeber für ihre zu den Fahnen einberufenen Angestellten die Beiträge fortzahlten. Mit der jetzigen Einschränkung des Erwerbslebens ist die Arbeitslosigkeit größer als sonst, auch dadurch entstehen Ausfälle an Beiträgen. So sank bei der Leipziger Ortskrankenkasse die Gesamtzahl der versicherungspflichtigen Mitglieder von 184564 zu Ende Juli auf 124494 Ende August und 123186 Ende September und zwar ist ein Rückgang nicht nur beim männlichen (von 122873 auf 77220) sondern auch beim weiblichen Geschlecht (von 61691 auf 45966) eingetreten. Außerdem sind beim Vermögen der sozialen Versicherung wie fast bei allem mobilen Kapital Verminderungen durch Kursverluste zu verzeichnen.

Andrerseits stehen den verringerten Einnahmen erhöhte Ausgaben gegenüber. Zwar ist von der sonst mit der Arbeitslosigkeit verbundenen Begleiterscheinung einer stärkeren Erkrankungsziffer in den versicherten Kreisen wenig oder nichts zu bemerken, die daheimgebliebenen Mitglieder der Sozialversicherung suchen dieser die Erfüllung der Pflichten tunlichst zu erleichtern. Indessen mit der Zahl der Verwundeten und Gefallenen erfahren die Ausgaben für Krankengeld bzw. Sterbegeld, Invaliden- und Hinterbliebenenrenten, die Ausgaben für Heilverfahren usw. eine beträchtliche Steigerung.

Es erhalten nämlich Kriegsteilnehmer, die im Kriege durch Verwundung, Krankheit und Unfall dauernd invalid werden, bei Vorhandensein der sonstigen gesetzlichen Voraussetzungen Invalidenrente und zwar auch dann, wenn sie Anspruch auf Invalidenpension gegen den Militärfiskus haben. Ebenso bekommt ein Versicherter, der z. B. infolge einer Verwundung nicht dauernd invalid wird, aber ununterbrochen 26 Wochen invalid gewesen ist, für die weitere Dauer der Invalidität Krankenrente, wenn vor der Verwundung die Wartezeit (200 Beitragswochen) erfüllt und die Anwartschaft aufrecht erhalten worden ist. Aus der Krankenversicherung brauchen in der Regel die verwundeten und sonst im Feld erkrankten Kriegsteilnehmer die ihnen sonst zustehende ärztliche Behandlung, Arznei, Heilmittel, Anstaltspflege usw. nicht, weil sie diese durch die Sanitätsverwaltung oder die mit derselben in Verbindung stehenden Organisationen (Rotes Kreuz) bekommen. Unter Umständen haben sie jedoch Anspruch auf volles Krankengeld, wenn nämlich der Kriegsteilnehmer in den der Einberufung vorhergegangenen 12 Monaten mindestens 26 Wochen oder unmittelbar vor der Einberufung mindestens 6 Wochen versichert war; in diesem Falle erhält er bei Erfüllung der übrigen gesetzlichen Bedingungen Krankengeld, wenn er 3 Wochen nach dem Ausscheiden aus seiner bisherigen Beschäftigung verwundet oder krank wurde. Ferner erhalten die Hinterbliebenen der im Felde Gefallenen oder später an den erlittenen Verwundungen Gestorbenen ein Sterbegeld, wofern die Verstorbenen bei der Einberufung zum Kriegsdienst mit ihren Angehörigen in häuslicher Gemeinschaft gelebt haben.

Auch für die Zeit nach Ablauf der ersten 3 Wochen kann der Kriegsteilnehmer sich Anspruch auf Krankengeld sichern, wenn er freiwillig Mitglied der Krankenkasse nach § 314 RVO. bleibt, er muß nur 3 Wochen nach dem Ausscheiden aus seiner bisherigen Beschäftigung bei der Kasse anzeigen lassen, daß er Mitglied bleiben will, und dieser Anzeige steht es gleich, wenn in gleicher Frist die satzungsmäßigen Beiträge voll bezahlt werden. Auch ohne Auftrag des betreffenden Kriegers können Vereinigungen, Arbeitgeber oder Gemeindebehörden die Erklärung der freiwilligen Weiterversicherung für jenen abgeben. Er bleibt dann solange freiwilliges Mitglied, als die Beiträge für ihn bezahlt werden; er hört erst auf Mitglied zu sein, wenn von ihm zweimal nacheinander die fälligen Beiträge nicht bezahlt sind, doch hilft ihm auch in diesem Fall das Reichsgesetz vom 4. August 1914, er kann binnen 6 Wochen nach Rückkehr aus dem Kriege wieder in die Krankenversicherung als freiwilliges Mitglied eintreten.

Die Hinterbliebenen der im Felde gefallenen versicherten Krieger haben die nämlichen Ansprüche, wie wenn der Tod in Friedenszeiten eingetreten wäre. Die Witwen und Waisen erhalten von der Invalidenversicherung Witwen- und Waisenrenten, die Witwen auch Witwengeld, wenn die gesetzlichen Voraussetzungen dafür verliegen; und zwar werden diese Renten unverkürzt und unabhängig von der auf Grund des Mannschaftsversorgungsgesetzes vom 31. Mai 1906 bewilligten Militärrente geleistet, eine gegenseitige Anrechnung findet nicht mehr statt. Von der Krankenkasse bekommen die Angehörigen der versicherten gefallenen Kriegsteilnehmer, wie erwähnt, Sterbegeld. Sind von dem versicherten Kriegsteilnehmer während eines Jahres keine glaubhaften Nachrichten eingegangen und machen die Umstände seinen Tod wahrscheinlich, so werden ebenfalls die gesetzlichen Leistungen der Invalidenversicherung (Witwen- usw. Renten) gewährt. Ähnlich ist es bei der Angestelltenversicherung. § 1265 RVO., §§ 33, 34, 72 AngVersG.

War der Kriegsteilnehmer nach dem AngVersG. versichert (als kaufmännischer Angestellter, Techniker, Werkmeister usw.), so erhalten die Witwe, event. die Waisen bei Pflichtversicherung die Hälfte der für den Versicherten geleisteten Beiträge erstattet, bei freiwilliger Versicherung $^3/_4$ der von dem freiwillig Versicherten geleisteten Beiträge. Je nach der Beitragshöhe handelt es sich hier, wenn die Versicherung vom Inkrafttreten des Gesetzes (1. Januar 1913) bis zum Kriegsausbruch bestanden hat, bei Pflichtversicherten um Erstattungsbeiträge von 15,20 ℳ bis 252,70 ℳ. bei freiwillig Versicherten um Erstattungsbeiträge von 22,80 ℳ bis 379,05 ℳ.

Auch über die Zeit des Krieges hinaus sind gesteigerte Anforderungen an die Versicherungsträger zu erwarten. Die Zeit, in der der Versicherungspflichtige zur Erfüllung der Wehrpflicht — in deutschen oder österreichischungarischen Diensten[4]) — eingezogen ist, gilt für die Inv.- und HinterblVers. (§ 1393 RVO.) als Beitragszeit und wird bei Berechnung der Höhe der Rente mitgerechnet, ohne daß für diese Zeit Invalidenbeiträge oder Beiträge zur Angestelltenversicherung entrichtet werden müssen. Auch bei der AngestVers. bleibt die Anwartschaft auf Ruhegeld und Hinterbliebenenbezüge durch den Kriegsdienst unberührt, nur für Berechnung der Höhe der Versicherungsleistungen kommt die Kriegszeit nicht in Betracht (§§ 51, 171 AngVersG.).

Neben den erhöhten Pflichten, die den Versicherungsträgern aus den vorerwähnten Ansprüchen ihrer im Felde stehenden Mitglieder erwachsen, bewirkt die Heranziehung von ungelernten und ungeübten Arbeitern, mit denen sich die einzelnen Betriebe an Stelle der im Felde stehenden geschulten Arbeiten behelfen müssen, daß die Unfallgefahren sich vermehren und dadurch erhöhte Ausgaben für Unfallentschädigungen erwachsen. Der ganze Vollzug der Versicherung wird noch erschwert durch die Einberufung vieler Ärzte und Versicherungsbeamten.

Indessen, so große Schwierigkeiten sich aus all dem für die Wirksamkeit der Sozialversicherung während des Kriegs ergeben, die deutsche Organisationskraft bewährt sich auch hier. Mit Erfolg bemüht sie sich dieser Schwierigkeiten und der daraus resultierenden mißlichen Folgen Herr zu werden.

Die am meisten in Mitleidenschaft gezogenen Krankenkassen wurden durch besondere Reichsgesetze vom 4. August 1914 in ihrer Leistungsfähigkeit gestützt. Bei sämtlichen Kassen sind die Beiträge während des Krieges auf 4½% des Grundlohns festgesetzt, auch wenn die Satzung früher einen niedrigeren Beitrag vorgesehen hatte. Wenn die Kassen damit nicht auskommen, ist es Sache der Gemeindeverbände oder bei den Betriebskrankenkassen Sache der Arbeitgeber mit Zuschüssen einzugreifen. Was die Leistungen der Krankenkassen betrifft, so wurden sie für die Dauer des Kriegs auf die Regelleistungen (Krankenhilfe, Wochengeld und Sterbegeld) beschränkt. Alle anderen, erhöhten Leistungen kommen zunächst in Wegfall. Dadurch werden die Kassen instand gesetzt, die schweren Zeiten, die über sie hereingebrochen sind, ohne finanzielle Erschütterung zu überstehen und später ihre alten Aufgaben in vollem Umfange wieder zu übernehmen. Ausnahmen sind nur zugunsten solcher Kassen zugelassen, die trotz niedriger Beiträge oder höherer Leistungen leistungsfähig bleiben. Sie können mit Genehmigung des Versicherungsamts ihre bisherigen Beiträge oder Leistungen beibehalten.

Tatsächlich erheben 2091 Kassen niedrigere Beiträge, 922 gewähren Mehrleistungen, 2593 erheben niedrigere Beiträge und gewähren gleichzeitig höhere Leistungen. Manche Kassen, z. B. in Barmen, bewilligen auch an Familienangehörige derjenigen Kriegsteilnehmer, die die Versicherung nicht freiwillig fortsetzten, freie ärztliche Behandlung, sie haben zu dem Zweck mit den Ärzten vereinbart, daß letztere die

[4]) Bekanntmachung des Reichskanzlers v. 26. November 1914, Reichsanzeiger v. 28. November 1914.

Behandlung unentgeltlich vornehmen. Einzelne Städte, z. B. Frankfurt a. M., haben zur Aufrechterhaltung der Familienversicherung der zu den Fahnen einberufenen Angestellten diese freiwillig versichert unter Übernahme der Krankenversicherung und der Kosten der Familienversicherung für diese Angestellten und unter Berücksichtigung ihres sonstigen Anstellungsverhältnisses. Auch private Arbeitgeber gingen so vor. In Frankfurt a. M. wie in anderen Städten versicherten Industrielle die einberufenen verheirateten Arbeiter durch freiwillige Übernahme der Beitragsleistungen zur Krankenversicherung. In Fällen, wo der gesetzliche Termin zur freiwilligen Versicherung bereits abgelaufen ist, beweisen die Kassenverwaltungen Entgegenkommen, indem sie nachträglich die Zahlung der Beiträge unter Wahrung der Rechte des Versicherten noch entgegennehmen, wie dies z. B. bei der Münchener Ortskrankenkasse der Fall ist. In Hamburg wurde die Weiterversicherung der Krieger mit Hilfe der Hanseatischen Invalidenversicherungsanstalt durchgeführt, die $^2/_3$ der laufenden Kassenbeiträge, unter Umständen auch die rückständigen Beiträge aus ihren Mitteln bezahlt; die Versicherten brauchen nur bei ihrer Krankenkasse den Antrag auf Zahlung der Zuschüsse zu stellen (event. durch ihre Angehörigen) und $^1/_3$ ihres Beitrags einzuzahlen.

Die Allgemeine Ortskrankenkasse München teilte über ihre besonderen Verhältnisse während des Kriegs folgendes mit:

Eine sehr große Zahl von Kriegsteilnehmern führt die Versicherung freiwillig fort. Viele Arbeitgeber erklärten sich bereit, die Beiträge für ihr einberufenes Personal freiwillig fortzuzahlen. Für dürftige Kriegsteilnehmer und deren Ehefrauen leistet die Stadtgemeinde München die freiwilligen Beiträge.

Von Kriegsbeginn an vertritt die Kasse den Standpunkt, daß den versicherten Kriegsteilnehmern, oder soweit ihnen aus § 214 RVO. ein Anspruch zusteht, grundsätzlich die gleichen Unterstützungsleistungen wie den übrigen Versicherten zustehen, daß durch Verwundung oder Erkrankung arbeitsunfähig gewordene Kriegsteilnehmer das satzungsgemäße Krankengeld erhalten müssen und im Todesfalle das satzungsgemäße Sterbegeld zu zahlen ist. Nur für die Krankenpflege (ärztliche Behandlung, Arznei und Heilmittel) hat die Heeresverwaltung aufzukommen, ebenso für Anstaltspflege; doch zahlt auch in letzterem Falle die Kasse an die Kriegsteilnehmer bzw. an ihre Angehörigen das volle Krankengeld. In der Zeit vom 12. September bis 27. November 1914 gewährte die Kasse für 1903 verwundete Krieger (darunter 1405 Versicherungsberechtigte) und für 60 gefallene Krieger (darunter 38 versicherungsberechtigte) Kassenunterstützung.

Alle Kassenangestellten, die zum Heeresdienst eingezogen worden sind, erhalten für die Dauer des Krieges, höchstens jedoch bis zu 6 Monaten, den vollen Gehalt ausbezahlt. (Einberufen wurden bis Ende November 1914 55 Angestellte, davon sind 2 gefallen.)

Mit Rücksicht darauf, daß die Kasse zunächst ihren Verpflichtungen gegenüber den eigenen Mitgliedern nachkommen muß, hat die Kasse mit Überlassung der beiden Sanatorien Kirchseeon und Schonstett an die Heeresverwaltung zu Lazarettzwecken vorerst noch zugewartet und wird solange zuwarten, bis ein merkliches Bedürfnis hiefür gegeben ist; sie hat jedoch dem Sanitätsamt des I. Bayer. Armeekorps gegenüber sich bereit erklärt, lungenkranke Kriegsteilnehmer im Sanatorium Kirchseeon aufzunehmen; von diesem Anerbieten hat die Heeresverwaltung bereits Gebrauch gemacht.

An der Kriegsanleihe hat sich die Kasse mit 300000 ℳ beteiligt.

Abgesehen von diesem Vorgehen einzelner Kassen ist bereits Vorsorge getroffen, daß ein Teil der Mehrleistungen durchweg von allen Krankenkassen geleistet wird. Auf Anregung von *Paul Mayet* hat die Gesellschaft für Soziale Medizin, Hygiene und Medizinalstatistik unterm 29. Oktober 1914 eine Eingabe an die Reichsregierung beschlossen, dahingehend, daß während der Dauer des Kriegs den Familien der Kriegsteilnehmer sowie den Arbeitslosen, den Erwerbslosen und ihren Familien bei Bedürftigkeit Krankenhilfe, Wochengeld und Sterbegeld gewährt werde, und zwar unter Aufbringung der Mittel durch das Reich oder die Gesamtheit der Versicherungsanstalten der Invaliden- und Hinterbliebenenversicherung und durch Vermittlung der reichsgesetzlichen Krankenkassen.[5]) Durch Beschluß des Bundesrats vom 3. Dezember 1914 (Reichsanzeiger v. 4. Dez. 1914) ist dieser Wunsch bezüglich der Wochenhilfe erfüllt. Darnach bekommen aus Reichsmitteln Frauen der Kriegsteilnehmer, soweit letztere zum Kreis der gegen Krankheit versicherten Personen gehören, im Fall der Entbindung eine Wochenhilfe. Als solche wird gewährt 1. ein einmaliger Beitrag von 25 ℳ zu den Entbindungskosten; 2. ein Wochengeld von 1 ℳ täglich für acht Wochen, von denen mindestens sechs in die Zeit nach der Niederkunft fallen müssen; 3. eine Beihilfe bis zu 10 ℳ für Hebammendienste und ärztliche Behandlung, falls solche bei Schwangerschaftsbeschwerden erforderlich werden; 4. ein Stillgeld von 50 Pfg. täglich bis zum Ablauf der 12. Woche nach der Niederkunft für Wöchnerinnen, solange sie ihre Neugebornen stillen. Statt der Barleistungen Nr. 1 und 3 kann freie Behandlung durch Hebamme und Arzt sowie die erforderliche Arznei geboten werden. Die Wochenhilfe wird auch dann geleistet, wenn der Ehemann von dem Recht freiwilliger Weiterversicherung beim Eintritt in den Kriegsdienst keinen Gebrauch machte. Die erwähnten Leistungen werden von den Krankenkassen gegen Ersatz aus der Reichskasse vermittelt, man veranschlagt sie auf 2 Millionen ℳ für jeden Monat. Auch bei versicherten Wöchnerinnen, deren Männer nicht am Krieg teilnehmen, sollen die Krankenkassen diese Wochenhilfe leisten, nur geht sie hier auf eigene Rechnung der Kassen.

Ebenfalls im Interesse der Leistungsfähigkeit der Krankenkassen hat man durch das erwähnte Reichsgesetz vom 4. August 1914 die Krankenversicherung der Hausgewerbetreibenden vorübergehend aufgehoben, was sich wegen der großen Schwierigkeiten des — übrigens erst seit einigen Monaten im Gang befindlichen — Vollzugs dieser Krankenversicherung besonders rechtfertigte. Doch ist die Möglichkeit offen gelassen, daß auf übereinstimmenden Antrag der beteiligten Gemeinden oder des Gemeindeverbandes und des Vorsitzenden der Krankenkasse das Oberversicherungsamt das Fortbestehen genehmigt. Von dieser Möglichkeit wurde nach Erhebungen

[5]) Vgl. Medizinische Reform, Halbmonatschrift für Soziale Hygiene und Praktische Medizin, 1914 Nr. 23 und 24.

des Reichsamts des Innern in 121 Fällen Gebrauch gemacht, so in Berlin, Düsseldorf, München.

Um den durch Einberufung und durch die Fürsorge für die Kriegsverwundeten entstandenen Ärztemangel bei den Krankenkassen abzuwenden, erfolgte eine Verständigung zwischen dem Leipziger Ärzteverband und den Kassenverbänden. Der Leipziger Ärzteverband versucht infolgedessen geeignete Orte mit einem oder mehreren approbierten Ärzten zu versorgen und neben diesen nicht approbierte Mediziner zur Kassenpraxis heranzuziehen. Dabei wurden in Anbetracht der durch den Krieg verursachten dringenden Verhältnisse von der Reichsregierung ausnahmsweise Medizinalpraktikanten und Studierende der Medizin, die bereits zwei klinische Semester vollendet haben, zur selbständigen Hilfeleistung zugelassen (§ 122 RVO.). Die Maßnahme scheint sich zu bewähren. Klagen über mangelhafte ärztliche Versorgung der Kassenmitglieder infolge des Kriegszustands sind bisher nicht hervorgetreten.

Natürlich verfahren jetzt in Übereinstimmung mit den Kassen die Ärzte im Einzelfall besonders vorsichtig bei Erklärung der Erwerbsunfähigkeit und sehen ab von Verordnung kostspieliger und nicht dringend notwendiger Arzneimittel und Bäder, vom System der Massenverschreibung usw., damit die Kassen ohne Zuschüsse der Gemeinden auskommen. Auch beschränken sie sich bei Überweisung in Krankenhäuser aufs notwendigste. Bei alledem finden aber die Ansprüche der Kassenmitglieder auf ausreichende Krankenunterstützung hinreichende Befriedigung.

Auch die Träger der Unfallversicherung, die Berufsgenossenschaften, verstanden es rasch, ihren Betrieb den Kriegsbedürfnissen anzupassen. Eine besondere Stützung ihrer Leistungsfähigkeit durch ein Reichsnotgesetz, wie bei den Krankenkassen, ist hier nicht erfolgt und auch nicht veranlaßt. Soweit gewisse Berufsgenossenschaften darunter zu leiden haben, daß ihre Mitglieder durch die Kriegslage wirtschaftlich geschädigt sind (z. B. Bau-, Holzindustrieberufsgenossenschaften) und die genossenschaftlichen Beiträge daher lästig fallen, wird man sich vermutlich mit den Bestimmungen der §§ 743 und 746 RVO. behelfen, und den durch die Kriegslage betroffenen Berufsgenossenschaften im Notfall erlauben, das Kapital der Rücklage und schon vor Ablauf der ersten elf Jahre deren Zinsen anzugreifen.

Selbstverständlich zahlen die Berufsgenossenschaften alle Renten unverkürzt weiter. Dabei verzichten sie aber auf alle die Beteiligten wirtschaftlich schädigenden und verstimmenden Maßnahmen, wie Minderung oder Entziehung von Renten, Verhängung von Ordnungsstrafen. Andrerseits sind sie bemüht, wo es sich um Schutz von Leben und Gesundheit von Arbeitern handelt (Unfallverhütung, Bekämpfung von Volksseuchen), ihre Tätigkeit tunlichst noch zu steigern. Bemerkenswert sind in dieser Beziehung die Besprechungen der Maßnahmen, über die sich in zwei Sitzungen im Reichsversicherungsamt am 8. und 10. August 1914 Vertreter von Berufsgenossenschaften verständigt haben, und die seitdem bei den meisten Berufsgenossenschaften weitgehende Berücksichtigung finden. Sie empfehlen hinsichtlich der inneren Geschäftsführung für die nächste Zeit folgendes:

1. Auf eine möglichst schleunige Erledigung anhängiger Rekurssachen ist hinzuwirken. Zu diesem Zwecke werden die Genossenschaften, soweit aus den Handakten die Sachlage übersehen werden kann, gegebenenfalls das Rechtsmittel zurücknehmen oder den Anspruch des Verletzten unter Zubilligung etwaiger Kostenansprüche anerkennen, es sei denn, daß überwiegende Interessen der Genossenschaften entgegenstehen.

2. Die Herabsetzung und Aufhebung von Renten ist, abgesehen von besonderen Einzelfällen, auf die Dauer von zunächst drei Monaten zu unterlassen.

3. Einspruchsbescheide über die Herabsetzung oder Aufhebung von Renten sind mit der Erklärung zurückzunehmen, daß die Genossenschaft sich vorbehält, ihre Rechte aus der bisher eingetretenen Veränderung der Verhältnisse zu geeigneter Zeit geltend zu machen.

4. Von Kapitalabfindungen an Verletzte ist bis auf weiteres abzusehen.

5. Sofern es satzungsgemäß zulässig ist, sind Lücken in der Besetzung der Entschädigungskommissionen sofort durch Neuwahlen auszufüllen. Versagt dieser Weg, so ist unverzüglich dem Reichsversicherungsamt zu berichten.

6. Die Zahlung von Verletztenrenten der im Felde stehenden Rentenempfänger zu Händen der Angehörigen ist nach Möglichkeit zu erleichtern. Zu diesem Zweck werden sich die Genossenschaften mit einer möglichst vereinfachten Form der Lebensbescheinigung und Auszahlungsbevollmächtigung der Post gegenüber einverstanden erklären.

7. Kataster-, Beitrags- und ähnliche Streitigkeiten sollen bis auf weiteres nach Möglichkeit ruhen.

8. Die Überwachung der Durchführung der Unfallverhütungsvorschriften ist tunlichst aufrecht zu erhalten. Denn dabei handelt es sich um den Schutz von Leben und Gesundheit der Arbeiter. Außerdem ist mit der Beschäftigung einer großen Anzahl nicht eingearbeiteter Personen zu rechnen.

9. Die bisher verhängten Strafen sind, von Ausnahmefällen abgesehen, niederzuschlagen. Auch ist die Befugnis, neue Strafen zu verhängen, nachsichtig auszuüben.

10. Die Fürsorge für die Angehörigen der durch den Krieg dienstbehinderten genossenschaftlichen Angestellten ist, soweit dies nicht bereits geschehen ist, möglichst wohlwollend zu regeln. Von der Ausübung des Kündigungsrechts ist bei diesen Angestellten abzusehen.

Besondere Hervorhebung verdient dabei die intensive Kriegshilfe, die die Seeberufsgenossenschaft für die Angehörigen des Seemannsstandes in die Wege leitete. Sie stellte mehrere Hunderttausend Mark aus ihrem Reservefonds zur Verfügung, auch scharterte sie einen Dampfer, auf den sie allen unverheirateten, durch den Krieg arbeitslos gewordenen Seeleuten freie Verpflegung und Unterkunft gewährt.

Sehr wichtig wird es übrigens sein, die von den Berufsgenossenschaften bei der Nachbehandlung von Unfallverletzten gewonnenen Erfahrungen für unsere Kriegsverletzten ausgiebig nutzbar zu machen, damit diese ihre militärische Dienstfähigkeit oder wenigstens ihre bürgerliche Erwerbsfähigkeit tunlichst wiedererlangen.[6])

[6]) Vergl. die beachtenswerten Vorschläge von *Dr. J. Graßmann* in der Münch. Med. Woch.-Schr. vom 8. Dezember 1914 S. 2340.

Wie die Berufsgenossenschaften erfüllen auch die Invalidenversicherungsanstalten ihre gesetzlichen Leistungen unverkürzt während des Krieges weiter, ebenso auch die freiwilligen Leistungen, die sie zum Teil noch erhöhen. Ebenso verfolgen sie bei ihrer inneren Geschäftsführung eine Reihe von Richtpunkten, die ihnen das Reichsversicherungsamt durch Erlaß vom 11. August 1914 angeraten hat:

1. Es wird empfohlen, von Rentenentziehungen zunächst auf die Dauer von drei Monaten grundsätzlich abzusehen.

2. Von ihrer Strafbefugnis wollen die Vorstände nur in besonderen Fällen Gebrauch machen. Auch dürften bereits verhängte Strafen, wo nicht böser Wille des Bestraften klar zutage liegt, niederzuschlagen sein.

3. Das Reichsversicherungsamt wird selbstverständlich seine Spruch- und Beschlußtätigkeit fortsetzen. Im Interesse der Versicherten wollen aber die Vorstände erwägen, wieweit etwa die Einlegung von Revisionen seitens der Anstalten auf die Fälle beschränkt werden kann, in denen das Berufungsurteil offenbar verfehlt ist. Auch wird den Vorständen nahegelegt, bereits anhängige Revisionen unter dem vorbezeichneten Gesichtspunkt zu prüfen, soweit dies auf Grund der Handakten möglich ist, und gegebenenfalls zurückzunehmen. In gleicher Weise wird bei den in der Berufungsinstanz schwebenden Ansprüchen der Versicherten zu prüfen sein, ob wegen neuer Tatsachen oder aus anderen Gründen der Anspruch anerkannt werden kann.

4. Soweit durch den Krieg dienstbehinderte Angestellte der Versicherungsanstalten gegen Kündigung beschäftigt waren, werden ihre Angehörigen der Fürsorge der Vorstände empfohlen.

Die Heilstättenpflege ist zwar zugunsten der Verwundetenfürsorge eingeschränkt. Aber der Kampf gegen die Tuberkulose wird auch während des Kriegs energisch fortgesetzt. Als Richtschnur hiefür wurde den Versicherungsanstalten vom Reichsversicherungsamt unterm 20. August 1914 das Ergebnis von Verhandlungen mitgeteilt, die bei dem von der Zentralstelle des Roten Kreuzes für Kriegswohlfahrtspflege errichteten Ausschuß für Tuberkulosebekämpfung unter Zuziehung von Vertretern zweier Versicherungsanstalten stattfanden:

1. Der Kampf gegen die Tuberkulose darf während des Krieges nicht ruhen. Dies um so weniger, weil infolge des Rückgangs der wirtschaftlichen Lage, der Verschlechterung der Ernährungs- und besonders der Wohnungsverhältnisse ein günstigerer Nährboden für die Seuche und ihre Verbreitung geschaffen wird.

2. Es ist deshalb darauf Bedacht zu nehmen, Kranke mit offener Tuberkulose im Interesse ihrer Umgebung, besonders der Kinder, unschädlich zu machen. Solche Kranke werden nach Möglichkeit Heilstätten zu überweisen und, falls sie in solche bereits aufgenommen waren, dort zu belassen sein. Dabei können Kranke aus verschiedenen Bezirken in einer Heilstätte vereinigt werden. Soweit einer Versicherungsanstalt eigene Heilstätten nicht oder nicht mehr zur Verfügung stehen, werden private Anstalten zu benutzen sein. Äußerstenfalls sind die allgemeinen Krankenhäuser in Anspruch zu nehmen.

3. Insoweit aus dringendem Anlaß, insbesondere wegen Inanspruchnahme der Heilstätten für Kriegssanitätszwecke, von der Überweisung Kranker mit geschlossener Tuberkulose in Heilstätten abgesehen werden muß, soll durch erhöhte Tätigkeit der Auskunfts- und Fürsorgestellen sowie der Walderholungsstätten ein Ausgleich geschaffen werden. Dabei werden diese Stellen, auch wenn sie nicht von Versicherungsanstalten selbst errichtet sind und betrieben

werden, auf finanzielle Unterstützung der durch sie entlasteten Versicherungsanstalten rechnen dürfen.

4. Sollte es an Ärzten oder Schwestern fehlen, so ist die vom Deutschen Zentralkomitee vom Roten Kreuz im Reichstagsgebäude, Berlin NW. 7, Sommerstraße, errichtete Zentralstelle für Kriegswohlfahrtspflege (Tuberkuloseausschuß) bereit, soweit möglich Ersatz zu vermitteln.

Ebenso wurden die Versicherungsanstalten im Kampf gegen den Alkoholmißbrauch mit Erlaß des Reichsversicherungsamts vom 21. August 1914 bestärkt, da er durch seine gesundheitlichen wie sittlichen und wirtschaftlichen Schädigungen gerade in der gegenwärtigen Zeit besonders ernste Gefahren in sich schließt.

Aber die Landesversicherungsanstalten nehmen auch noch tatkräftigen Anteil an der allgemeinen Kriegswohlfahrtspflege, wozu sie sowohl § 1274 RVO. wie ihre in jetziger Not besonders wohltuenden großen Vermögensansammlungen befähigen. Inwieweit die Mittel der Versicherungsanstalten für verschiedene Zwecke der Kriegswohlfahrtspflege verfügbar sind, wurde in einer Konferenz der deutschen Versicherungsanstalten am 31. August 1914 im Reichsversicherungsamt durch folgende Leitsätze klargestellt:

1. Infolge der Kriegslage sind weite Kreise der Bevölkerung in ihrer wirtschaftlichen Lage stark bedrängt. Hieraus können auch den Landesversicherungsanstalten schwer belastende gesundheitliche Schädigungen erwachsen. Die Landesversicherungsanstalten sind einmütig gewillt, an der Bekämpfung dieser Schäden in weitestem Umfange mitzuwirken. Sie erklären sich auch bereit, auf ausgleichende Maßnahmen zugunsten der durch den Krieg besonders schwer getroffenen Anstaltsbezirke Bedacht zu nehmen.

2. Bei Aufwendungen der Landesversicherungsanstalten muß jedenfalls dafür gesorgt werden, daß die Anstalten liquide bleiben und die Aufwendungen nicht in unangemessenem Verhältnis zu ihrem Vermögen stehen.

3. Als äußerste Grenze für Aufwendungen nach § 1274 RVO. mit Einschluß der Zinsausfälle bei Lombardierung von Wertpapieren usw. wird der Betrag von 5% des Buchwertes des Gesamtvermögens der einzelnen Anstalten Ende 1913 zu gelten haben. Die Verwendung höherer Beträge bedarf einer besonderen Genehmigung durch das Reichsversicherungsamt.

4. Als ein für die Fürsorge geeigneter Weg wird insbesondere die Gewährung von Darlehen an Kreise, Gemeinden usw. in Betracht kommen.

5. Soweit diese Ausgaben (Ziffer 2 und 3) nicht aus laufenden Mitteln bestritten werden können, ist gegen die Beschaffung von Mitteln durch Lombardierung von Wertpapieren, Verwertung von Hypotheken usw. nichts einzuwenden. Es darf aber auf diese Weise nicht mehr an Darlehen aufgenommen werden, als voraussichtlich nach Eintritt geordneter Verhältnisse im Laufe zweier Jahre wieder abgestoßen werden kann.

Die Landesversicherungsanstalten verfügen zurzeit über ein Vermögen von rund 2 Milliarden. Von diesen können im Rahmen der Leitsätze *mehrere hundert Millionen für die Kriegswohlfahrtspflege verwendbar gemacht werden.* Mit dieser gewaltigen Summe, die sich auf den mannigfaltigsten Wegen der Bevölkerung zuführen läßt, können gewiß unendlich viel Not und Elend ausgeglichen werden, darunter auch gesundheitliche Schädigungen infolge von Arbeitslosigkeit, deren Bekämpfung an sich nicht von der Vorschrift des § 1274 RVO. unmittelbar erfaßt wird.

Die Mittel der Landesversicherungsanstalten sollen zunächst den beteiligten eigenen Anstaltsbezirken zugute kommen. Es ist aber auch vorgesehen, daß für einzelne, besonders schwer betroffene Gebiete, wie Ostpreußen und Elsaß-Lothringen die übrigen Versicherungsanstalten unterstützend eintreten können.

Nach diesen Gesichtspunkten ergänzen tatsächlich die Versicherungsanstalten in wirksamer Weise die Kriegsfürsorge von Staat und Gemeinden, die in erster Linie dazu berufen sind. Sie haben in weitherziger Auslegung des § 1274 RVO. bereits erhebliche Mittel zur Verhütung einer infolge der Arbeitslosigkeit drohenden Verschlechterung der Gesundungsverhältnisse bereit gestellt und teils zu Zuwendungen an Gemeinden (Orts-, Distrikts-, Kreisgemeinden) oder Vereinen teils zur unmittelbaren Unterstützung der Beteiligten verwendet. Die Zuwendungen bestehen in billigem Kredit (Darlehen) und in einmaligen Zuschüssen (ohne Rückzahlungsverpflichtung).

Was bei einzelnen Großes geleistet wird, ist an dem Beispiel der Landesversicherungsanstalt Berlin gezeigt. Ein anschauliches Bild über deren große Kriegsfürsorge gibt nachstehende Mitteilung des Vorsitzenden dieser Anstalt, Landesrat *Dr. Freund:*

I. Arbeitslosen-Fürsorge.

Die Verwendung von Mitteln der Landesversicherungsanstalt Berlin zur Fürsorge für arbeitslose Versicherte stützt sich auf § 1274 RVO. Die Organe der Landesversicherungsanstalt Berlin haben für die Zwecke der Arbeitslosen-Fürsorge 5 Millionen ℳ zur Verfügung gestellt. Die Aufsichtsbehörde hat auf Grund des § 1274 die Verwendung von einstweilen 1 Million ℳ genehmigt.

A. Allgemeine Grundsätze.

Die Durchführung der Arbeitslosen-Fürsorge geschieht im Einvernehmen mit der Stadtgemeinde Berlin, und mit denjenigen Organisationen der Arbeiter, welche Arbeitslosen-Unterstützung gewähren und von der Stadtgemeinde anerkannt worden sind.

Die Landesversicherungsanstalt Berlin tritt nur für Versicherte ein.

Als versichert gelten diejenigen Personen, welche in dem dem Mobilmachungstage voraufgegangenen Jahre mindestens 26 Wochen durch Marken der Versicherungsanstalten Berlin oder Brandenburg, durch Krankheitszeiten oder durch militärische Dienstleistungen belegen können. Können 26 Wochen nicht belegt werden, so gelten die betreffenden Personen doch als Versicherte, wenn sie in den voraufgegangenen Jahren überwiegend bei den Landesversicherungsanstalten Berlin oder Brandenburg versichert gewesen sind. Die Landesversicherungsanstalt Berlin tritt des weiteren nur für solche Versicherte ein, welche im Stadtbezirk Berlin ihren Wohnsitz haben und zwar muß dieser Wohnsitz spätestens vom 1. Juni 1914 an vorhanden gewesen sein. Die Arbeitslosen-Fürsorge tritt erst dann ein, wenn die Arbeitslosigkeit seit mindestens 14 Tagen bestanden hat. Das Arbeitsfeld zwischen der Stadtgemeinde und der Landesversicherungsanstalt Berlin ist derart geteilt worden, daß die Landesversicherungsanstalt in erster Linie für solche Versicherte eintritt, welche den Unterhalt ihrer Angehörigen aus ihrem Arbeitsverdienst bisher ganz oder überwiegend bestritten haben und durch die Arbeitslosigkeit in eine Notlage geraten sind. Für einzelstehende Versicherte und für solche Versicherte, welche aus ihrem Arbeitsverdienst den Unterhalt ihrer Familie nicht bestritten haben, tritt grundsätzlich die Stadtgemeinde ein, doch wird die Landesversicherungsanstalt in besonders schweren Notfällen zur Leistung eines Zuschusses bereit sein.

Durch die Arbeitslosen-Fürsorge der Landesversicherungsanstalt sollen die Versicherten nur vor der dringendsten Not geschützt werden. Wenn daher eine solche dringende Not, sei es durch den Verdienst des Versicherten selbst, oder von Frau und Kindern, sei es wegen des Vorhandenseins von Ersparnissen oder wegen sonstiger Hilfsquellen, nicht vorhanden ist, so tritt die Fürsorge der Landesversicherungsanstalt nicht ein.

B. Zusammenarbeiten mit der Stadtgemeinde.

Die Stadtgemeinde Berlin hat zur Durchführung der Arbeitslosen-Fürsorge 23 Geschäftsstellen in den verschiedenen Stadtbezirken eingerichtet. An diese Geschäftsstellen sind Unterstützungskommissionen angegliedert, in welchen ein Mitglied des Magistrats den Vorsitz führt. Die Geschäftsstellen nehmen die Anträge auf Arbeitslosen-Fürsorge zu Protokoll entgegen auf Grund eines Fragebogens, welcher im Einvernehmen mit der Landesversicherungsanstalt und den Arbeiter-Organisationen aufgestellt ist. Die wirtschaftlichen Familienverhältnisse der Antragsteller werden durch Rechercheure festgestellt und auf Grund dieser Feststellung beschließen die Unterstützungskommissionen über den Antrag. Gehört der Antragsteller zu dem Personenkreise, welcher der Fürsorge der Landesversicherungsanstalt Berlin unterliegt, so wird die Sache an den Vorstand der Landesversicherungsanstalt abgegeben. Die Landesversicherungsanstalt prüft den Antrag selbständig und entscheidet über denselben. Erweist sich aus der Prüfung, daß die Zuständigkeit der Landesversicherungsanstalt nicht begründet ist, so wird der Antrag mit Begründung an die Unterstützungskommission zurückgegeben. Auch in sonstigen Fällen der Ablehnung wird der Antrag an die Unterstützungskommission zurückgegeben, es sei denn, daß der Recherchent der Unterstützungskommission selbst nach Prüfung der Verhältnisse sich für Ablehnung des Antrages ausgesprochen hat.

C. Zusammenarbeiten mit den Arbeiter-Organisationen.

Versicherte, welche einer von der Stadtgemeinde anerkannten Arbeiter-Organisation angehören, haben ihre Anträge auf Arbeitslosen-Fürsorge bei der betreffenden Organisation zu stellen. Die Organisation nimmt den Antrag zu Protokoll auf Grund eines mit der Landesversicherungsanstalt vereinbarten Fragebogens, äußert sich gutachtlich über den Antrag und gibt denselben alsdann zur Entscheidung ab. Erkennt die Landesversicherungsanstalt den Antrag als begründet an, so leistet sie zu der Arbeitslosen-Unterstützung der Organisation einen Zuschuß in Höhe von 50%. Da die Stadtgemeinde generell zu allen Arbeitslosen-Unterstützungen der Organisationen einen Zuschuß von 50% leistet, so wird in diesem Falle der von der Stadtgemeinde geleistete Zuschuß von der Landesversicherungsanstalt der Stadtgemeinde zurückvergütet. Erreicht die Arbeitslosen-Unterstützung der Organisation, einschließlich des 50prozentigen Zuschusses, die von der Landesversicherungsanstalt Berlin für die Arbeitslosen-Unterstützung festgesetzten Normalsätze nicht, so wird die Differenz für den Antragsteller als besonderer Zuschuß festgesetzt. Bei der rechnerischen Prüfung der Frage, ob der Normalsatz erreicht ist, wird die Arbeitslosen-Unterstützung der Gewerkschaft nur mit 50% in Anrechnung gebracht. Beträgt hiernach z. B. die Arbeitslosen-Unterstützung der Organisation 6 ℳ wöchentlich, der Zuschuß der Stadtgemeinde 3 ℳ wöchentlich und der Normalsatz der Landesversicherungsanstalt 12 ℳ wöchentlich, so beträgt der weitere Zuschuß der Landesversicherungsanstalt 6 ℳ wöchentlich.

D. Höhe der Arbeitslosen-Unterstützung.

Als Normalsätze der Arbeitslosen-Unterstützung der Landesversicherungsanstalt sollen in der Regel gelten: Für einen verheirateten Versicherten 5 ℳ wöchentlich, für das erste Kind eine Erhöhung um 3 ℳ wöchentlich, für jedes folgende Kind eine weitere Erhöhung um je 2 ℳ wöchentlich, bis zum Höchstsatze von 15 ℳ wöchentlich. Bei einer besonders großen Kinderzahl ist dieser Höchstsatz bis zum Betrage von 20 ℳ wöchentlich überschritten worden. Für verwitwete Personen und für Väter und Mütter von unehelichen Kindern, ist der Wochenbetrag für das Familienhaupt auf 4 ℳ wöchentlich und der Kinderzuschuß in derselben Weise wie bei verheirateten festgesetzt.

E. Kontrolle.

Mit dem Bescheide über die Festsetzung der Arbeitslosen-Unterstützung wird dem Versicherten eine Arbeitslosen-Kontrollkarte ausgehändigt. Diese

Kontrollkarte ist wöchentlich dreimal bei bestimmten zugelassenen Arbeitsnachweisen zur Abstempelung, bezw. Bescheinigung der Arbeitslosigkeit, vorzulegen. Arbeitslosen-Unterstützung wird nur dann gezahlt, wenn durch Vorlegung der Kontrollkarte die dreimalige Abstempelung nachgewiesen werden kann. Arbeitslosen, welche angemessene Arbeitsstellung ablehnen, wird vom Arbeitsnachweis die Kontrollkarte einbehalten und an die Landesversicherungsanstalt übersandt. Die Landesversicherungsanstalt beschäftigt eine größere Anzahl Kontrollbeamte, bezw. zu diesem Zweck eingestellte Hilfskontrolleure, welche durch Stichproben festzustellen haben, ob die Voraussetzungen für die Gewährung der Arbeitslosen-Unterstützung noch vorhanden sind, insbesondere, ob der Unterstützte noch arbeitslos ist.

F. Auszahlung der Arbeitslosen-Unterstützung.

Die Auszahlung der Arbeitslosen-Unterstützung findet in einem besonders zu diesem Zweck gemieteten Lokal statt, in welchem eine große Anzahl Schalter eingerichtet sind. Die Zahlstelle ist jeden Wochentag von 9—1 Uhr geöffnet, nach 1 Uhr werden nur diejenigen abgefertigt, welche sich um 1 Uhr noch in der Zahlstelle befunden haben. Die Auszahlung geschieht in Wochenbeträgen postnumerando. Die Auszahlung beginnt mit dem Tage des Ablaufs der Karenzzeit. An Stelle des baren Geldes können auch Naturalien gewährt werden, z. B. in der Form von Speisemarken, auch kann ein Teil der Unterstützung in Form eines Mietszuschusses gewährt werden.

Versicherten, die von der Landesversicherungsanstalt Berlin seit mindestens 4 Wochen Arbeitslosenunterstützung erhalten, kann auf ihren Antrag eine 25%ige Erhöhung ihrer Arbeitslosenunterstützung als Mietsunterstützung gewährt werden. Sie darf die Hälfte der zu zahlenden Miete und den Betrag von 15 ℳ monatlich nicht übersteigen; der Mindestsatz beträgt 6 ℳ monatlich. Die Bezahlung dieser Unterstützung erfolgt direkt an den Hauswirt.

II. Vorbeugende Maßnahmen der Arbeitslosen-Fürsorge.

Die Landesversicherungsanstalt Berlin hat grundsätzlich beschlossen, solche Maßnahmen zu unterstützen, welche geeignet sind, die Arbeitslosigkeit zu bekämpfen und Arbeitsgelegenheit zu schaffen. In Verfolg dieses Beschlusses sind Unterstützungen bewilligt worden:

An den Zentralverein für Arbeitsnachweis, zur Unterbringung von Arbeitern in Arbeitsstellen außerhalb des Stadtbezirks Berlin,

an die Betriebswerkstätte des Zentralvereins für Arbeitsnachweis, in welcher 2—3000 weibliche Personen, zum großen Teil in der Hausindustrie, beschäftigt werden,

an den Nationalen Frauendienst, welcher Strickstuben eingerichtet hat, in welchen arbeitslose weibliche Personen zu Strickarbeiten angelernt werden.

Des weiteren ist ins Auge gefaßt worden, die Förderung von Bestrebungen zur Urbarmachung von Ödländereien.

III. Vorbeugende Maßnahmen zur Verhütung vorzeitiger Invalidität im stehenden Heere.

Die Landesversicherungsanstalt Berlin hat 100000 ℳ zur Verfügung gestellt zur Versorgung des stehenden Heeres mit warmer Unterkleidung. Dieser Beschluß gründet sich gleichfalls auf § 1274 RVO. Es besteht die große Gefahr, daß die zahlreichen im Heere stehenden Versicherten infolge Mangel an warmer Unterkleidung sich Krankheiten zuziehen, welche den Eintritt vorzeitiger Invalidität befürchten lassen. Um dieser Gefahr zu begegnen, will sich die Landesversicherungsanstalt Berlin an der allgemeinen Aktion zur Versorgung des stehenden Heeres mit warmer Unterkleidung beteiligen.

IV. Unterstützung von Fürsorge-Maßnahmen verschiedener Art seitens der Landesversicherungsanstalt Berlin.

Es sind überwiesen worden:

Dem bei der Zentralstelle für Kriegswohlfahrtspflege eingerichteten Tuberkulose-Ausschuß 55000 ℳ,

dem Deutschen Zentral-Komitee der Vereine vom Roten Kreuz 10000 ℳ,
dem Berliner Verein vom Roten Kreuz 5000 ℳ,
der Landesversicherungsanstalt Ostpreußen zur Durchführung des vorbeugenden Heilverfahrens 15000 ℳ,
an verschiedene gemeinnützige Vereine 5000 ℳ,
für die weitere Unterstützung von gemeinnützigen Vereinen und solchen Maßnahmen, welche geeignet sind, die Arbeitslosigkeit zu vermindern, sind insgesamt weitere 100000 ℳ in Aussicht genommen.

V. Benutzung der Heilstätten als Lazarett.

Die großen Heilstätten der Landesversicherungsanstalt Berlin bestehen aus zwei großen Abteilungen: den Sanatorien und den Lungenheilstätten. Die Sanatorien sind zu einem Lazarett für 600 Verwundete eingerichtet und dem Roten Kreuz zur Verfügung gestellt worden. Zurzeit ist das Lazarett voll belegt. Die Hälfte der Lungenheilstätten ist als Zentralsammelstelle und Lungenheilstätte für lungenkranke Soldaten eingerichtet und dem Kriegsministerium zur Verfügung gestellt. Aus allen Teilen des Reichs und allen Kriegsschauplätzen werden die Lungenkranken dort untergebracht.

Von der Landesversicherungsanstalt Oberbayern wurden aus Anlaß des Krieges bis jetzt geleistet:

1. an das Zentralkomitee des Bayer. Landeshilfsvereins vom Roten Kreuz in München	14467,50 ℳ
2. zur Beschaffung von Wollsachen für die im Felde stehenden Soldaten	20000,— ℳ
3. Verwendung des Genesungsheims Alzing als Lazarett für verwundete und erkrankte Krieger. Das Lazarett ist zunächst zur Aufnahme von 60 Personen bestimmt; die Einrichtung ist aber für 80 Personen vorhanden.	
4. an den Bayer. Landesausschuß zur Fürsorgetätigkeit für die Angehörigen der Kriegsteilnehmer in München . .	767,50 ℳ
5. Beteiligung an der Zeichnung bei der Kriegsanleihe mit	2000000,— ℳ

Um weitere Beispiele anzuführen, so hat die Landesversicherungsanstalt in Hessen-Nassau beschlossen, zur Förderung der Gesundheit, zur Bekämpfung der Arbeitslosigkeit und sonstiger durch den Krieg hervorgerufener, die öffentliche Gesundheit gefährdender Notstände den Gemeindeverbänden zu 4% verzinsliche Darlehen — rückzahlbar innerhalb zwei Jahre nach Friedensschluß — anzubieten, und jenen, die sich die Mittel zur Bekämpfung der Kriegsnotstände selbst zu beschaffen vermögen, auf Wunsch einen Zuschuß zu ihrer Anleihe zu geben, und für weitere erforderliche Maßnahmen vorläufig 1 Million ℳ à fonds perdu zur Verfügung zu stellen.

Die Landesversicherungsanstalt Westfalen stellte 2 Millionen ℳ bereit für allgemeine vorbeugende Maßnahmen zur Bekämpfung von Volkskrankheiten und zur Hebung der Volksgesundheit sowie zur Unterstützung von Bestrebungen, die die Bekämpfung der Arbeitslosigkeit, soweit sie zu gesundheitlichen Schädigungen führt, zum Ziele haben. Um die Bestrebungen zur Verbesserung der Wohnungsverhältnisse der Versicherten im Interesse der Volksgesundung nicht ins Stocken kommen zu lassen und dem Baugewerbe sowie den damit zusammenhängenden zahlreichen gewerblichen Unternehmungen Arbeitsgelegenheit zu bieten, machte die Versicherungsanstalt Geldmittel zur Gewährung von Baudarlehen flüssig und stellte sie den gemeinnützigen Bauvereinen, Gemeinden und versicherten Einzelpersonen in der bisherigen Weise zur Verfügung. Und zwar sollen hiebei zunächst die in Ausführung begriffenen Arbeiterwohnungsbauten, darüber hinaus auch neue Unternehmungen berücksichtigt werden. Außerdem gewährt die Anstalt Darlehen an Gemeinden und Gemeindeverbänden zur Abwendung von gesundheitlichen Schädigungen bei der unbemittelten Bevölkerung und zahlte 10 000 ℳ für eine Hilfsaktion der Bauvereine zur Erleichterung der Mietezahlungen.

Diese so umfassende Beteiligung der Versicherungsanstalten an der Kriegswohlfahrtspflege konnte bei der weitgehenden Dezentralisation der Träger der Inv.-Versicherung zugleich lokalen Bedürfnissen und Eigentümlichkeiten genügend Rechnung tragen. Sie ist selbstverständlich nicht bloß vom Standpunkt der Linderung sozialer Kriegsnöte zu begrüßen, sondern ebenso im Interesse unserer wirtschaftlichen Kraft, die uns die Möglichkeit geben soll und tatsächlich gibt, den Blutkreislauf unseres wirtschaftlichen Körpers auch während des Kriegs allen natürlichen Störungen zum Trotz aufrecht zu erhalten.

Schließlich verdient noch in diesem Zusammenhang Erwähnung, daß auch zur Behebung der durch die Kriegswirren hervorgerufenen Notlage in Ostpreußen und Elsaß-Lothringen eine Reihe von Versicherungsanstalten in opferwilliger Weise Beiträge zur Verfügung stellten. Z. B. zahlte die Landesversicherungsanstalt Brandenburg an die Provinz Ostpreußen 100 000 ℳ, an Elsaß-Lothringen 50 000 ℳ als Beiträge der durch den Krieg verursachten Schäden.

Was die Angestelltenversicherung betrifft, so hatte sie bei Kriegsausbruch mit vielen Fällen zu tun, in denen die Versicherungspflicht der zum Kriegsdienst Einberufenen zweifelhaft war, da zum Teil der Gehalt denselben fortgezahlt wurde. Diese Verhältnisse wurden durch eine besondere Erklärung des Direktoriums der Reichsversicherungsanstalt geklärt.[7]) Demnach sind für diejenigen Versicherten, denen der Gehalt während des Kriegsdienstes fortgezahlt wird, die Beiträge unter der Voraussetzung weiter zu entrichten, daß das Angestelltenverhältnis anläßlich der Teilnahme des Versicherten am Krieg nicht aufgelöst wird. Wird nur ein Teil des Gehalts fortgezahlt, so sind Beiträge nach der entsprechend niedrigeren Gehaltsklasse zu entrichten. Das gleiche gilt, wenn die Gehaltsbezüge den Ehefrauen oder sonstigen Angehörigen des Versicherten gezahlt werden. Dagegen werden die von den Arbeitgebern den Ehefrauen oder sonstigen Angehörigen des Versicherten nach ordnungsmäßiger Auflösung des Angestelltenverhältnisses gewährten Zuwendungen nicht als Gehalt angesehen und verpflichten nicht zur Beitragsentrichtung. Ähnlich ist es, wenn die Kündigung ordnungsmäßig erfolgte (sie kann auch noch nachträg-

[7]) Vgl. Die Angestelltenversicherung, Amtliche Nachrichten der Reichsversicherungsanstalt für Angestellte, 1914 Nr. 10.

lich erfolgen) und der Gehalt gleichwohl weiter gezahlt wird. Die Gehaltszahlung hat in diesem Falle den Charakter der Schenkung oder Unterstützung, die keine Beitragspflicht begründen. Das gleiche gilt, wenn der Arbeitgeber bei der Kündigung erklärt, den gekündigten Angestellten auf sein Ansuchen später wieder in die frühere Stellung aufzunehmen.

Wie die anderen Versicherungsträger, so kommt auch die Reichsversicherungsanstalt ihren Verpflichtungen unverkürzt nach. Was speziell ihre Leistungen an Kriegsteilnehmer anlangt, so wurde das Nähere bereits oben S. 102 ausgeführt.

Das Heilverfahren wurde jedoch bei Beginn des Krieges zunächst auf die Lungenkranken beschränkt. Es waren in der Heilverfahrenabteilung fast alle Ärzte und etwa drei Viertel der Beamten eingerückt, außerdem fehlte es an Sanatorien, da sich diese zumeist dem Roten Kreuz zur Verfügung stellten. Infolgedessen waren Anfangs Oktober 1914 nur etwa 1500 Betten zur Verfügung, die in 15 bis 20 Tagen belegt sind. Nunmehr wird jedoch versucht, das Heilverfahren auch bei anderen Krankheiten wieder im vollen Umfange durchzuführen.

Zur stärkeren Beteiligung an der allgemeinen Kriegswohlfahrtspflege fehlt es der Angestelltenversicherung an der entsprechenden gesetzlichen Grundlage, die ähnlich dem § 1274 RVO. bestimmen würde, daß die Reichsversicherungsanstalt Gelder zu generellen Maßnahmen auch vorbeugender Heilfürsorge verwenden kann. Gleichwohl bemühte sich die Reichsversicherungsanstalt auch ihrerseits an Kriegsfürsorgemaßnahmen innerhalb der gesetzlichen Grenzen das Möglichste zu leisten. Abgesehen von der erwähnten Beteiligung an der Kriegsanleihe und Überlassung des Sanatoriums Fürstenberg an das Rote Kreuz spendete sie dem „Kriegsausschuß für warme Unterkleidung“ einen Geldbetrag bis zu 1 Million ℳ und eventuell darüber hinaus zum Ankauf von Wollsachen als vorbeugende Maßnahme zur Vermeidung eines Heilverfahrens. Außerdem ist beschlossen, für die Kriegsfürsorge die aus dem Heilverfahren zur Verfügung stehende und zu erwartende Reserve bis zu 10 Millionen ℳ zu bestimmen. Bei Ausführung dieser Maßnahmen, die eine weitgehende Mitwirkung der Reichsversicherungsanstalt an der Kriegsfürsorge bedeuten, kommen insgesamt 7,5% der Gesamteinnahmen des Jahresabschlusses von 1913 für Kriegszwecke zur Verwendung.

Soviel über die bisherige Wirksamkeit unserer Sozialversicherung und den jetzigen Krieg. Wie aus unserer Skizze erhellt, haben die Einrichtungen der deutschen Sozialversicherung eine schwere Kraftprobe durch den Krieg auferlegt bekommen, aber sie zeigen sich ihr völlig gewachsen und werden sie voraussichtlich, wofern nicht ganz außerordentliche Ereignisse kommen, selbst bei langer Dauer des Krieges bestehen.

Und zwar erscheinen die Leistungen der Sozialversicherung trotz ihres zunächst nur auf den Frieden eingestellten Charakters ungemein wichtig für die Kriegsvorsorge und für die Kriegsfürsorge. Jahrzehnte hindurch hat die Versicherung mit ihren weitverzweigten vielseitigen Einrichtungen wesentlich zur Erhaltung und Stärkung unserer Wehrkraft, zu unserer Kriegsbereitschaft beigetragen. Nunmehr bildet sie ein hervorragendes Glied in der gesamten Kriegsfürsorge-Organisation. Erfolgreich hilft sie mit, die Schäden, die der Krieg auf gesundheitlichem, wirtschaftlichem und sozialem Gebiet hervorruft, in ihren Folgen für die Wohlfahrt des Einzelnen und des ganzen Volks aufs mildeste zu beschränken.

Darum wird die Sozialversicherung auch nach dem Krieg, wenn an Stelle der jetzigen Menschenmühle die Menschenökonomie treten darf und muß, ganz besonders zur Geltung kommen. Zunächst bei uns selber beim Aufbau eines neuen großen Deutschlands, dessen Gesamtkraft selbstverständlich wie bisher von einer ernsthaften, wirksamen Sozialpolitik getragen werden muß. Ebenso aber international, wenn die jetzt zertrümmert am Boden liegende Wirtschafts- und Kulturgemeinschaft unter den Völkern wieder aufgenommen und aufgerichtet wird, wenn dann — schon infolge zwingender Notwendigkeit — allenthalben Menschenökonomie sowie Erhöhung der menschlichen Art zielbewußt gepflegt wird. Hernach wird gerade wegen ihrer im Dienst der Menschenökonomie so erprobten Leistungen die Sozialversicherung sich noch mehr als bisher im internationalen Recht durchsetzen und wichtige Bausteine liefern zu einer neuen und hoffentlich besseren, nachhaltigeren Völkersolidarität.

Druck: Dr. F. P. Datterer & Cie. (Inh. Arthur Sellier) München-Freising.

Kolibri 360 GmbH
Ferdinand-Jühlke-Straße 7
99095 Erfurt, Deutschland
produktsicherheit@kolibri360.de